Ulrike und David Byle mit Anna Lutz

Zwei für einen
Ein Missionarsehepaar zwischen Islam,
Gefängnis und Großfamilie

D1731675

Ulrike und David Byle

mit Anna Lutz

ZWEI FÜR EINEN

Ein Missionarsehepaar zwischen Islam, Gefängnis und Großfamilie

SCM

Stiftung Christliche Medien

SCM Hänssler ist ein Imprint der SCM Verlagsgruppe,
die zur Stiftung Christliche Medien gehört,
einer gemeinnützigen Stiftung, die sich für die Förderung und Verbreitung christlicher Bücher, Zeitschriften, Filme und Musik einsetzt.

© 2023 SCM Verlagsgruppe GmbH
Max-Eyth-Straße 41 · 71088 Holzgerlingen
Internet: www.scm-haenssler.de; E-Mail: info@scm-haenssler.de

Soweit nicht anders angegeben, sind die Bibelverse folgender Ausgabe entnommen:
Neues Leben. Die Bibel, © der deutschen Ausgabe 2002
und 2006 SCM-Verlag GmbH & Co. KG, Holzgerlingen.

Weiter wurden verwendet:
Hoffnung für alle ® Copyright © 1983, 1996, 2002, 2015 by Biblica, Inc.®.
Verwendet mit freundlicher Genehmigung des Herausgebers Fontis –
Brunnen Basel (Hfa)

Lektorat: Christina Bachmann
Umschlaggestaltung: Stephan Schulze, Stuttgart
Titelbild: Familie Byle Privatfotos und fotostudioneukoelln.de; Parulava/unsplash;
Gefängnis/gettyimages
Autorenfoto: © David & Ulrike Byle
Co-Autorenfoto: © Annette Riedl
Bildteil: © Familie Byle
Satz: typoscript GmbH, Walddorfhäslach
Druck und Bindung: GGP Media GmbH, Pößneck
Gedruckt in Deutschland
ISBN 978-3-7751-6112-1
Bestell-Nr. 396.112

Ein Mensch kann sich nichts nehmen,
wenn es ihm nicht vom Himmel her gegeben wird.

Johannes der Täufer

Johannes 3,27

INHALT

VORWORT

Wenn ich mich recht erinnere, begegnete ich Ulrike und David Byle zum ersten Mal bei einer Konferenz christlicher Mitarbeiter in der Türkei. Meine türkische Frau und ich waren nach ein paar Jahren in Deutschland gerade wieder dorthin umgezogen. Familie Byle hatte vor kurzer Zeit Turkmenistan verlassen müssen, sie waren als Missionare dort nicht mehr gern gesehen. Sie mussten in Istanbul wieder von vorne beginnen mit einem Sprachstudium und dem Einleben in eine weitere neue Kultur. Aber dass sie nicht daran dachten, ihren Dienst der Evangeliumsverkündigung unter Muslimen aufzugeben, schien sonnenklar.

Bei weiteren Konferenzen fiel David mir dann dadurch auf, dass er vehement für mutigere Evangelisation durch die Missionare in der Türkei plädierte. Viele ausländische Mitarbeiter hielten sich mit einer Verkündigung in der Öffentlichkeit eher zurück und sahen ihre Aufgabe darin, die einheimischen Christen aus dem Hintergrund heraus zu ermutigen. Davids Votum:»Nein, wir müssen vielmehr selbst vorangehen!« Ich konnte nichts dagegen einwenden.

Und das tat er dann: Evangelistische Verkündigung auf den Straßen Istanbuls schätzten damals viele Christen als zu riskant ein. David begann einfach und ermutigte gerade dadurch über Jahre hinweg viele andere, ihre Ängste und Bedenken abzulegen. Ja, David nahm dafür böse Worte von Passanten, manche Gespräche mit der Polizei, auch mal Schläge in Kauf, aber das schien für ihn Teil der Tätigkeit als Evangelist zu sein.

Als am 18. April 2007 zwei türkische und ein deutscher Christ in Malatya wegen ihres Glaubens brutal ermordet wurden, war ich kurz vorher zu einer Besprechung im Zentrum des Bibel-Korrespondenz-Kurses in Istanbul gewesen, den David leitete. Einer der ermordeten Türken war mein Schwager Necati Aydin. David war einer der Ersten, der mich noch auf der Busfahrt von Istanbul nach Izmit, wo wir damals wohnten, anrief und mir sein Mitgefühl aussprach.

Die Frage, wie Leiden und Nachfolge Jesu zusammenhängen, beschäftigt mich seit dem Verlust meines Schwagers noch stärker. Für David und Ulrike schien das schon vorher keine Frage gewesen zu sein: Demnach geht es nicht etwa darum, Verfolgung anzustreben, aber wir sind Zeugen Jesu – buchstäblich »um jeden Preis«, also auch, wenn das verbale und körperliche Angriffe nach sich ziehen sollte.

Als David in den folgenden Jahren wegen seiner missionarischen Aktionen mehrmals in Abschiebehaft war, es aber irgendwie immer schaffte, in der Türkei zu bleiben, drehten sich unsere Gespräche nicht um die Unannehmlichkeiten der Nächte in Polizeigewahrsam. Er sprach nicht über Rückenschmerzen wegen harter Pritschen, über schlechtes Essen oder Angst vor Gewalt durch andere Insassen. Vielmehr berichtete er mir mit Begeisterung davon, wie viele Gelegenheiten Gott ihm geschenkt hatte, in der Haft Jesus zu bezeugen.

Über die Jahre habe ich türkische Christen öfter darüber klagen hören, dass manche Missionare in der Türkei zu bequem leben und im Ernstfall schnell weg sind. Solche Beschwerden haben meine Frau und ich über David und Ulrike nie gehört: Ihr Eifer für die Sache Jesu, aber auch ihr einfacher Lebensstil und ihre Hingabe an die Gemeinde in der Türkei waren überzeugend. Und sind es bis heute.

Wolfgang Häde, Missionswissenschaftler und Schwager
des türkischen Märtyrers Necati Aydin
Juni 2022

PROLOG

Ulrike, 1999

Das Baby schläft im Koffer. Ich habe ihn aufgeklappt auf den Boden der Wohnung mitten in Istanbul gelegt, die für den Übergang unser neues Zuhause sein soll. Ein paar weiche Decken sorgen dafür, dass Johannes es in seinem Behelfsbett bequem hat. Halbwegs zumindest. Das Baby stören die Umstände nicht. Manche Kinder können überall schlafen.

Den Inhalt der Tasche haben David und ich provisorisch in unserer Bleibe ausgebreitet. Ein paar Klamotten hängen über Stühlen und Nachttischen, Papiere sind auf dem Bett verteilt, das Nötigste für den Kleinen liegt auf dem Fliesenboden – mehr Besitz hatten wir nicht bei uns, als wir einige Tage zuvor, jung, erst kurz verheiratet, mit viel Unsicherheit im Bauch und Erwartungen im Kopf, auf dem Istanbuler Flughafen gelandet sind.

Den muslimischen Türken die Liebe Gottes näherbringen – das war unsere Vision, die uns hierhergebracht hatte. In der Türkei gab es damals zwar einige ausländische Missionsorganisationen, aber kaum christliche Gemeinden. Wir wollten mithelfen, mehr Kirchen aufzubauen und das Evangelium auf der Straße zu verbreiten.

Doch dann kamen die Hochhäuser. Die Dunkelheit. Die fremde Sprache. Und die Sorge um den Neugeborenen. Die erste Fahrt vom Flughafen zur neuen Unterkunft ist mir als düstere Vision in

Erinnerung geblieben: laute Menschen überall. Von deren Gesprächen verstand ich nur Bruchstücke. Betonmonolithen mit Fenstern in immer gleicher Anordnung, links und rechts. Eine scheinbar unendliche Autofahrt. Und die hämmernde Frage in meinem Kopf: *Was mache ich, wenn mein Baby krank wird?*

Hätte ich damals gewusst, wohin uns unsere Reise noch führen würde – ins türkische Gefängnis nämlich –, ich wäre sofort umgekehrt. Diese Stadt, die belebten Straßen voller Menschen und Autos, die Häuserschluchten und der Lärm – das alles konnte nicht weiter von dort entfernt sein, wo ich groß geworden war. Istanbul war eine Zumutung für ein Landei wie mich, aufgewachsen auf einem Bauernhof im schwäbischen Dorf Öschelbronn. Nie hatte ich in eine große Stadt ziehen wollen. Was nur hatte mich glauben lassen, ich könnte mich ausgerechnet in einer türkischen Metropole mit fünfzehn Millionen Einwohnern zu Hause fühlen?

David, 1999

Ich verstand kein einziges Wort. Als wir in Istanbul auf dem Flughafen landeten, umgab mich plötzlich ein Gewirr von Stimmen und trotz meiner Grundkenntnisse in Turkmenisch erschien mir Türkisch so fremd wie irgendeine andere Sprache dieser Welt. Ich erinnere mich nicht mehr daran, ob es Tag oder Nacht war, als wir landeten und uns auf den Weg in unsere kleine Übergangswohnung im Stadtteil Harem machten. Aber eines weiß ich noch genau: wie sehr ich mich freute.

Der Gedanke, den Türken von Jesus und seiner Geschichte zu erzählen, beflügelte mich trotz aller Unwägbarkeiten, die unser Umzug mit sich brachte. Denn immerhin hatten wir unseren kleinen Sohn dabei, gerade mal wenige Wochen alt. Es kam mir vor, als stünden uns in der Türkei alle Türen offen. Vor unserer Abreise hatten Ulrike und ich lange darüber gegrübelt, wohin wir als Missionare ziehen wollten – auch Afghanistan stand damals zur Debatte. Ulrike fühlte sich dem Land auf seltsame Weise verbunden, betete immer wieder für die Afghanen. Doch am Ende hatten wir uns dagegen entschieden.

Uns beiden war klar, dass ich egal, wo ich lebte, das Evangelium laut und deutlich proklamieren würde. In einem Land wie Afghanistan hätte uns das vermutlich schnell in ein Taliban-Gefängnis befördert. Oder wir hätten in der Wüste gekniet, gefesselt und mit verbundenen Augen, unsere Hinrichtung erwartend. Im Gegensatz dazu warteten in Istanbul paradiesische Zustände auf uns, dachte ich.

Ich konnte damals nicht ahnen, dass dieses Abenteuer mich mehrmals in Haft und Ulrike mit unseren Kindern zu Hause an die Grenze ihrer Kräfte bringen würde. Wäre es mir die Sache dennoch wert gewesen? Vermutlich ja. Denn das Leben eines Missionars ist mir geradezu in die Wiege gelegt worden.

EIN TESTAMENT MIT 27 UND ELEFANTENOHREN

1963–1992 und 1969–1995

Ulrike: Ich wurde im Jahr 1963 als zweites Kind von dreien in eine Bauernfamilie hineingeboren. Nahe Tübingen bewirtschaftete meine Familie einen kleinen Hof. Meine Mutter Elsbeth stammte aus Öschelbronn, mein Vater Richard aus dem Ort nebenan. Fünf Kühe, fünf Schweine, zwanzig Hühner, Weizenfelder, Zuckerrüben und eine Apfelplantage – das war unser Leben. All das mussten wir bewirtschaften, um unseren Unterhalt zu sichern.

Für mich begann jeder Wochentag früh am Morgen. Nach dem Kindergarten und später der Schule half ich auf dem Hof, mistete den Stall aus, holte Eier von den Hühnern, las liegen gebliebene Kartoffeln von den Feldern auf oder half beim Holzmachen.

In dem fast hundert Jahre alten Bauernhaus waren Arbeit und Leben eng verzahnt: Im Erdgeschoss befand sich der Kuhstall, gleich darüber das Wohnzimmer meiner Familie und im Dach der Getreidespeicher. Hinter dem Wohngebäude lag ein Holzschuppen, in dem Holz für den Winter eingelagert wurde, sowie der Hühnerstall, davor lag der Misthaufen, dessen Geruch mich zwar meine

Kindheit lang begleitete, mir aber kaum schlimm vorkam. Er war so normal wie die Arbeit im Dreck und an der frischen Luft.

In den 60er- und 70er-Jahren waren die Höfe noch wenig spezialisiert, die Arbeit vielseitig und kaum von der Industrie geprägt. Jahre später, als das Geschäft sich langsam ausdifferenzierte, stieg mein Vater aus und war fortan als Lagerverwalter bei einer örtlichen Bank beschäftigt. Meine Mutter hingegen – sie war schon immer von ganzem Herzen Bäuerin gewesen – arbeitete weiter auf dem Hof. Er war ihr Leben.

Meine Kindheit war voll heller und dunkler Momente. Da gab es jene Bullerbü-Tage, an denen ich mir vorkam wie im gleichnamigen schwedischen Film. Im Gras liegend beobachtete ich die Wolken, im Sommer nach der Weizenernte, die bis in die Nacht gehen konnte, versuchte ich, die Weite des Sternenhimmels in mich aufzusaugen. Ich liebte es, meinen Vater aufs Feld zu begleiten, neben ihm auf dem Traktor zu sitzen, Teil seiner Arbeit zu werden, ohne selbst viel dazu beizutragen. Ich saß nur da und schaute ins Grüne, wir haben noch nicht einmal viel gesprochen. Und doch waren wir uns so nah wie Halm und Ähre.

Mein Vater blickte für gewöhnlich positiv auf das Leben, Schwierigkeiten schienen ihn nicht aus der Bahn zu werfen. Das hatte mit seinem tiefen Glauben zu tun. In der Kirche sah man unsere Familie zwar nicht an jedem Sonntag. Die Hochzeitsbibel meiner Eltern stand irgendwo im Bücherregal, aber sie fand kaum den Weg in ihre Hände. Wir sprachen Tischgebete und hatten eine Verbindung zur örtlichen Gemeinde – aber eher so, wie es auf dem Land eben üblich ist. Und dennoch: Vater vertraute fest auf seinen Gott. Auf dem Feld, in der Familie und später in der Bank blickte er immer über seinen Horizont hinaus – und sah dort Güte. Sie ließ ihn sanft bleiben, wenn die Tage hart waren. »Es ist alles in Ordnung«, höre ich ihn das Versprechen Gottes an die Menschen aus 1. Mose 8,22 zitieren:

»Solange die Erde besteht, wird es Saat und Ernte geben, Kälte und Hitze, Sommer und Winter, Tag und Nacht.«

Ganz anders ging meine Mutter durchs Leben. Sie war 1933 geboren und hatte die Wucht des Krieges als kleines Mädchen miterleben müssen. Wie viele Kinder der damaligen Zeit musste sie auf dem Hof mit anpacken, als wäre sie eine Erwachsene. Das Gefühl, schon als Kind Verantwortung für die Familie zu tragen, hatte sie nie wieder losgelassen. Den auf dem Dorf gängigen christlichen Glauben erlebte sie mehr als Last denn als Erlösung. Die frommen Traditionen des Landlebens raubten ihr ihre Freiheit. Die gerade aufgekommenen Seidenstrümpfe geziemten sich nach Ansicht der Familie nicht für ein anständiges Mädchen. Ebenso wenig wie die kurzen Haare, die meine Mutter als Jugendliche zunächst unter einem Kopftuch verbarg. Was würde der Vater sagen und was nur würden die Leute im Dorf denken? Sie wollte einerseits nicht auf die neue Mode verzichten, aber konnte das Gerede darüber dann doch schwer aushalten.

Die Last der frühen Verantwortung machte auch später in meiner Kindheit das Leben meiner Mutter schwer. Im Dorf half sie zwar immer gerne und schnell mit. Sie backte zum Beispiel alle zwei Wochen Brot für unsere Familie im Dorfbackhaus und gab immer gerne etwas davon an andere ab. Anderseits aber hielt sie es kaum aus, wenn die Dinge außer Kontrolle gerieten. Und wie nur sollte ein Leben mit drei Kindern und einem Bauernhof stets kontrolliert sein können? Kein Tag verging ohne Schimpftiraden und Wutausbrüche:

»Man muss sich schämen mit euch Kindern!«

»Womit habe ich euch verdient?«

»Ihr bringt mich noch ins Grab!«

Je häufiger Mutter Sätze wie diese aussprach oder schrie, desto tiefer sickerte eine Erkenntnis in meinen kindlichen Geist: *Ich bin nichts wert.*

Als ich älter wurde, verbrachte ich oft Stunden allein und dachte über das Leben nach und wozu es bloß gut sein sollte. Ich sah das damals nicht, aber heute weiß ich: So wie die Verantwortung meine Mutter hat leiden lassen, so litt ich an ihrer Missachtung.

Ich erinnere mich an einen Tag im Herbst. Finster war es draußen, meine Mutter hatte gerade einen ihrer verzweifelten Wutausbrüche gehabt. Traurig verkroch ich mich in den Schuppen hinter dem Haus. Immer öfter würde ich das künftig tun: Einsamkeit suchen. Bloß nicht in ihre Nähe kommen. Die Dunkelheit erschien mir sicherer. Einfacher. Allein und im Finstern fragte ich mich: *Was muss eigentlich geschehen, damit meine Mutter mich liebt? Und würde ich jetzt sterben, könnte sie mich wohl vermissen?*

Diese Zeiten voll Licht und Schatten und die Frage nach dem Sinn hinter allem begleiteten mich alle Jahre meines Heranwachsens. Sie waren der Grund dafür, dass ich mich eines Tages neu mit dem christlichen Glauben beschäftigte. Doch es war ein langer Weg.

Ganz selbstverständlich war ich als Mädchen Teil der örtlichen Jungschar, einer christlichen Jugendeinrichtung. Jede Woche traf ich mich mit anderen Kindern meines Alters in den einfachen Räumen gegenüber der Öschelbronner Bäckerei. Wir hörten Bibelgeschichten und sangen gemeinsam Lieder, die von Jesus Christus handelten. Ich genoss die Gemeinschaft, aber Gott war mir fremd. Gelegentlich betete ich, doch meine Worte stiegen scheinbar nie höher als bis zur Zimmerdecke. Manchmal bekam ich eine Ahnung davon, dass Beten sich auch anders anfühlen konnte – immer dann, wenn ich die Jugendleiter in der Jungschar zu Gott sprechen hörte. Es klang, als redeten sie mit einem Freund.

In einem Sommer – ich muss um die zwölf Jahre alt gewesen sein – flatterte die Einladung zu einer Jugendfreizeit in Bad Liebenzell in unser Haus. Rund fünfzig Kinder zwischen elf und vierzehn Jahren sollten sich dort treffen und ein paar schöne Tage miteinander verbringen. Meine Freundinnen waren dabei, also sagte auch ich zu und machte mich auf den Weg in die dreißig Kilometer entfernte Kurstadt. Dort ist bis heute der Sitz der Liebenzeller Mission, einer evangelischen Missionsgesellschaft, die die Jugendfreizeit veranstaltete. Die Liebenzeller senden Christen in die ganze Welt aus, um die Botschaft von Jesus weiterzuerzählen.

Während der Sommerfreizeit waren wir Kinder in einfachen Hütten untergebracht. Jeden Morgen gab es eine Bibelarbeit, wir wanderten gemeinsam oder gingen schwimmen. Doch die Woche brachte mir weit mehr als nur nette Begegnungen mit Gleichaltrigen fernab des Alltags auf dem Hof. Zwischen all den Jugendlichen und Missionaren begann sich meine Sicht auf den Glauben zu verändern. Zum ersten Mal hörte ich davon, dass Gott Mensch geworden sein sollte, um die Welt zu retten. Ich hörte die Botschaft, dass er jeden liebte und sich sogar nach mir – dem einfachen Kind vom Land – ausstreckte und mir begegnen wollte. Konnte das wahr sein?

Mehrmals war ich kurz davor, dazu ein Gespräch mit den Leitern der Freizeit zu suchen. Doch immer dann, wenn ich mich fast überwunden hatte, fragte ich mich: *Was werden wohl die anderen über mich denken, wenn ich diesem Jesus folge? Was werden nur die Leute denken?* So verließ ich die Freizeit mit diesem bedrückenden Wissen: *Ich habe mich wie ein Feigling verhalten und habe eine Chance verpasst, Gott kennenzulernen.*

Als ich wieder zu Hause war, erinnerte ich mich daran, dass irgendwo in einem meiner Bücherregale eine alte graue Taschenbibel ungelesen herumlag. Von diesem Tag an schlug ich sie immer wieder auf. Je mehr ich las, desto mehr fühlte ich: *Hinter diesen Worten steckt jemand, der es gut mit mir meint.* Auf der letzten Seite des Buchs entdeckte ich ein Gebet:

Vater im Himmel, vergib mir meine Schuld. Danke, dass du meine Sünden vergeben hast, weil Jesus Christus für mich am Kreuz gestorben und mein Erlöser geworden ist. Herr Jesus, bitte übernimm du die Führung in meinem Leben. Verändere mich nach deinem guten Willen, so, wie du mich haben willst. Danke, dass du mein Gebet erhört hast. Amen.

Darunter fanden sich zwei freie Zeilen, eine für das Datum, an dem diese Worte vom Leser gesprochen worden waren. Und eine weitere für eine Unterschrift. Etwa für meine?

Und so saß ich eines Tages im dritten Stock meines Elternhauses am Schreibtisch, sprach die Worte des Gebets nach und setzte meine Unterschrift in das Buch. Ich wandte mich das erste Mal mit ganzem Herzen an Gott. Voll Hoffnung und beflügelt durch die erlebte Freizeit und das neu entdeckte Bibellesen bat ich ihn, mein Leben zu verändern.

Und es geschah – gar nichts. Kein Blitz fuhr vom Himmel. Keine Vision erhellte meinen Geist. Gott sprach nicht zu mir. Stattdessen ging alles seinen gewohnten Gang. Und je weiter mein mutmaßlich großer Moment der Begegnung mit Gott in die Vergangenheit entglitt, desto sicherer wurde ich mir: Er hatte mich wohl nicht gehört.

Wohin gehe ich, wenn ich sterbe? Das ist keine typische Frage, die sich eine Fünfzehnjährige stellt. Doch Monate nach dem Gebet am Schreibtisch starb meine Großmutter Friederike. Sie war nach einem Schlaganfall ins Krankenhaus gekommen. Die 70er-Jahre waren in vielerlei Weise anders als die heutige Zeit. In weißen sterilen Umgebungen starben die wenigsten. Der Tod war noch nicht ausgelagert. Und so schickten die Ärzte meine Großmutter nach der Diagnose wieder nach Hause. Zwei Wochen pflegten meine Patentante und meine Mutter sie, brachten ihr Essen, wuschen die im Sterben Liegende und zogen regelmäßig neue Laken aufs Bett. Auch wir Kinder besuchten Oma immer wieder.

Für mich war Oma Friederike ein Fels in der Brandung. Eine starke Frau, nicht überschwänglich, aber freundlich, liebevoll und zugewandt. Ich verbrachte gern Zeit mit ihr, vielleicht auch deshalb, weil sie sich sicher zu sein schien – in dem, was sie tat, und in dem, was sie glaubte. Sie richtete sich nicht nach anderen. Zwar sprach sie selten über ihren Glauben. Aber des Lebens nach dem Tod war sie sich sicher. Und als der Tag kam, an dem Oma Friederike ging, da war ich mir sicher, dass sie Frieden hatte. Weil sie wusste, wohin sie ging. Ich aber blieb zurück mit der drängenden Frage: *Was wird aus mir? Wohin komme ich, wenn ich mal sterbe?*

Nach der Realschule trieb mich vor allem ein Wunsch um: Ich wollte Krankenschwester werden. Doch die Ausbildung konnte ich erst mit achtzehn Jahren beginnen. Es galt also, zwei Jahre zu überbrücken. Nach einem Jahr Hauswirtschaftsschule fehlte mir noch ein Praktikum. Eine Freundin aus der Schule stand vor demselben Problem und schlug mir vor: »Lass uns das Praktikum gemeinsam auf dem Michelsberg bei den Aidlinger Schwestern machen!«

Das Diakonissenmutterhaus in Aidlingen ist eine Gemeinschaft von über zweihundert Schwestern, entstanden im 20. Jahrhundert im schwäbischen Pietismus. Die Schwestern sind ebenso fromm wie traditionell, betreiben ein Gästehaus, eine deutschlandweit bekannte Musikarbeit und ein theologisches Seminar.

Als ich mit meinen sechzehn Jahren zum ersten Mal den Fuß auf das Gelände der Freizeit- und Begegnungsstätte Michelsberg auf der Schwäbischen Alb setzte, fiel mir gleich die Kleidung der Frauen auf. Christinnen wie diese hatte ich zwar schon öfter in den Straßen Süddeutschlands gesehen, aber hier waren sie allgegenwärtig. Als Zeichen ihrer Zusammengehörigkeit tragen die Schwestern bis heute grau-schwarze Trachten, die aussehen, als bestünden sie aus Schürze und Bluse, dabei sind es Einteiler. Die meist langen Haare hält ein strenger Dutt zusammen. Zu sehen ist er nicht, denn am Hinterkopf umgibt ihn eine kleine weiße Haube. Die Röcke reichen immer bis mindestens zehn Zentimeter unter das Knie.

Bibellese, Arbeit und Gebet bestimmten den Alltag der Schwestern. Vor allem aber erinnere ich mich an ihre Gebete: Wie schon bei meinen Jungscharleitern erweckten sie den Eindruck, als sei Gott ihnen ein Vertrauter. Ein guter Freund. Ein wahrer Helfer. Ich war überwältigt, das wieder zu erleben – und zugleich fühlte ich mich einmal mehr, als gehörte ich nicht dazu. Noch nie hatte ich so mit Gott gesprochen! Und eigentlich wollte ich es auch gar nicht. Zu fern war er mir, zu oft hatte ich mich alleingelassen gefühlt. Enttäuscht. Verlassen.

Nur etwa einmal im Monat setzte ich mich in den Zug nach Hause. Meine Tage auf dem Michelsberg begannen um sieben Uhr mit einer Bibelarbeit und gemeinsamem Gebet. Um acht Uhr wartete das Frühstück auf uns Mädchen, der Rest der Zeit war durchgetaktet mit Küchendienst, Essen austeilen, dem Putzen der großen Versammlungshalle oder der einstöckigen schlichten Bracken, in denen die Gäste, Praktikantinnen und Schwestern wohnten. Die praktische Arbeit lag mir, das alles kannte ich schließlich von zu Hause. Mit den Kolleginnen verstand ich mich gut und die Schwestern nötigten mir Respekt ab, zugleich genoss ich deren Struktur und ihre klaren Regeln. Sie erinnerten mich ein wenig an Oma Friederike. Freundlich, aber auch resolut brachten sie uns Praktikantinnen zum Beispiel Tischmanieren nach Knigge bei. Messer und Gabel waren richtig zu halten. Wurden Schüsseln herumgereicht, geschah das geordnet und leise, nie kreuzten sich Arme oder Hände über dem Tisch. Ordnung musste sein, denn in den Augen der Schwestern repräsentierte jedes der Mädchen Gott in der Welt. Chaos hatte da keinen Platz.

Zuständig für die Betreuung der Praktikantinnen war damals Schwester Ruth, eine große Frau mit schwarzem Haar und fröhlichen Augen. Sie organisierte Ausflüge, hielt Bibelarbeiten und koordinierte die Aufgaben von uns Mädchen. Zugleich war sie unser aller Vertraute, wohnte auf demselben Gang wie wir und war in allen Belangen unsere Ansprechpartnerin.

Als sich das Jahr auf dem Michelsberg für mich dem Ende zuneigte, fasste ich mir, beseelt von all den guten Erfahrungen der letzten Monate, ein Herz. Es war still im Wohnblock, ich hatte extra einen ruhigen Moment abgewartet, in dem mich niemand sah: Da klopfte ich an Schwester Ruths Tür. Keine der Mitpraktikantinnen war weit und breit zu sehen, ich musste mich also vor niemandem für das schämen, was ich vorhatte. Die Schwester öffnete und ich sagte jenen Satz, der mich seit meinem ersten intimen Gebet damals am heimischen Schreibtisch umgetrieben hatte: »Schwester Ruth, ich weiß nicht, ob ich zu Jesus gehöre.«

Schwester Ruths freundliche Augen blickten tief in meine. Sie lächelte, als sie mich hereinbat und ihre Bibel öffnete.

»Dann schauen wir doch mal nach«, sagte sie und zitierte aus dem ersten Kapitel des Johannesevangeliums: » All denen aber, die ihn aufnahmen und an seinen Namen glaubten, gab er das Recht, Gottes Kinder zu werden.«

»Wen meint die Bibel hier?«, fragte sie mich.

»Jesus«, antwortete ich.

»Was musst du also tun?«

»Ihn aufnehmen.«

Und so knieten wir uns dort wie selbstverständlich mitten in der Praktikantinnenbaracke auf den Boden und beteten. Ich bat Gott, in mein Leben zu kommen. Einmal mehr. Doch dieses Mal war alles anders. Er antwortete!

Wie aus dem Nichts erinnerte ich mich plötzlich daran, dass ich als Kind einmal etwas vom sogenannten Melkgeld meiner Mutter gestohlen hatte. So bezeichneten wir das Geld, das wir durch den Verkauf unserer Milch an Nachbarn einnahmen. Meine Familie hatte ein kleines Gefäß im Schrank im Hausflur, in dem das Geld gesammelt wurde. Als wäre es gestern gewesen, trat diese Szene nun vor meine Augen: Ich hatte heimlich von diesem Melkgeld gestohlen. Das war vor vielen Jahren gewesen, trotzdem trieb es mich nun plötzlich um.

Noch am selben Tag beschloss ich, einen Brief an meine Mutter zu schreiben und zu beichten. Eine Woche lang bewegte ich diesen Gedanken, manchmal erschien es mir geradezu absurd, diese Tat nach so langer Zeit einzugestehen. War es vielleicht nur eine Lappalie? Aber nein, ich hatte keinen Frieden, bis ich den Brief schließlich aufgesetzt hatte. Ich schickte ihn umgehend ab. Nichts sollte mich noch daran hindern, Gottes Willen zu tun. Und tatsächlich: Ab dem Moment, in dem das Schreiben meine Hände verließ, fühlte ich mich so frei wie noch nie zuvor. All die Jahre hatte ich nach Sicherheit gesucht, nun ergriff eine Überzeugung mein ganzes Herz: *Ich gehöre zu Jesus.* Nichts schien je klarer gewesen zu sein.

Meine Mutter antwortete nie auf den Brief. Lediglich meine Patentante ermahnte mich nach meiner Rückkehr, doch nicht zu fromm zu werden. Mutter sorgte sich, ich könne in eine Sekte abrutschen. Da war er wieder, ihr immer gegenwärtiger Gedanke, ihr Antrieb und ihre Last: *Was sagen die Leute nur?* Für mich aber spielte das nun keine Rolle mehr. Ich hatte meinen Weg gefunden.

Dieser Weg brachte mich nicht nur in Gottes Nähe, sondern schließlich auch zur lang ersehnten Schwesternausbildung. Ich bewarb mich bei den Herrenberger Schwestern, eine Stunde Fahrt entfernt. Die dreijährige Ausbildung begann ich gemeinsam mit zwölf anderen Schülerinnen. Unter ihnen war auch ein Mädchen namens Mona. Mit ihren zwanzig Jahren war diese selbstbewusste junge Frau sich schon sicher: *Ich gehe in die Mission.* Mona, frisch von der Bibelschule, klein, zierlich und quirlig, avancierte schnell zur Sprecherin des ganzen Kurses. Sie organisierte sogenannte Missionsgebete, also Gebetstreffen, bei denen sich die Mädchen für Menschen in anderen Ländern vor Gott einsetzen. Diese Treffen hielten in mir den Gedanken wach, dass mein Weg vielleicht auch einmal ins Ausland führen könnte. Wer weiß, vielleicht würde Gott mich ja dort gebrauchen können?

Doch zuerst hieß es: die Ausbildung bestehen. Im Laufe der Monate sahen wir Schwesternanwärterinnen so ziemlich alles, was es in der Medizin zu sehen gibt. Neben dem Blockunterricht durchliefen wir alle Stationen, von der Gynäkologie bis zur Inneren Medizin. Auch wenn ich noch immer schüchtern war, fiel mir der Umgang mit den Leidenden und Sterbenden nicht schwer. Ich erinnere mich daran, wie ich einer ängstlichen Frau auf dem Weg in den OP noch im Aufzug die Losungen vorlas, jene weltbekannten ausgewählten Bibelverse für jeden Tag.

Gleichzeitig stellte sich heraus, dass die Arbeit einer Krankenschwester viel Papierkram beinhaltete, wie zum Beispiel Puls- und Fieberkurven von Hand zu zeichnen und abzuheften – denn Computer machten diese Arbeit für uns damals noch nicht. Zwar wurde ich mit der Zeit eine gute Krankenschwester, das zeigte sich auch in meinen Noten. Aber mit den Monaten merkte ich, dass ich niemals mein Leben hinter Aktenstapeln verbringen wollte. Doch ich musste mir auch eingestehen: Ein paar Losungsworte vorzulesen machte noch keine Evangelistin. In meinem Leben fehlte es an Wissen um die Bibel.

1985 beendete ich meine Ausbildung und beschloss, eine Bibelschule zu besuchen. In meinem Kopf geisterte nach wie vor die Idee herum, als Missionarin ins Ausland zu gehen, auch wenn ich mir nach wie vor nicht ganz sicher war. Das Angebot am theologischen Seminar in Adelshofen überzeugte mich, denn hier wurde nicht nur gelehrt, sondern auch gelebt. Die Christen dort verstanden sich als Brüder und Schwestern, teilten ihr ganzes Leben miteinander, die täglichen Lasten und Freuden und auch ihren Glauben. Sie vertrauten Gott aus tiefstem Herzen.

Doch noch war es nicht so weit: Bevor ich ein weiteres Mal umziehen würde, musste ich meinen Entschluss zu Hause beichten. Mir war klar, dass meine Mutter es nicht ohne Weiteres hinnehmen würde, wenn ich nun Bibelschülerin werden wollte. Tatsächlich hatte sich meine Mutter wohl eher vorgestellt, ich würde als Krankenschwester arbeiten und mich in der Nähe des Dorfes niederlassen. Ich zerschlug ihre Zukunftsträume einmal mehr. Und ich hörte wieder Mutters Worte: »Was sagen denn da die Leute im Dorf?«

Es war wirklich ein schwieriges Gespräch, wie wir dort saßen im heimischen Wohnzimmer. Vater schwieg. Und Mutter war verärgert und voller Sorgen: »Wie willst du das finanzieren? Du verschleuderst Opas Erbe, das er dir gegeben hat.«

Ich war kurz davor, meinen Entschluss aufzugeben. Doch Jesus forderte auch, ihm nachzufolgen und ihn mehr zu lieben als die eigene Familie. So stand ich am Ende vor der Entscheidung, Jesus nachzufolgen, so wie es mein Wunsch war, oder das zu tun, was meine Familie von mir erwartete.

Die Entscheidung war gefallen. Mit Zittern und Zagen begann ich im September 1985 die vierjährige theologische Ausbildung in Adelshofen. Und trotz ihrer Bedenken fuhren mich meine Eltern sogar selbst dorthin.

Adelshofen ist ein beschauliches 1 400-Einwohner-Dorf, umgeben von Feldern und Wiesen. Ich fühlte mich die ganze Zeit, als wäre ich in den Ferien. Da saß ich in der Bibliothek, draußen schien die Sonne, ich sah die Bauern, wie sie Heu machten oder die Ernte einholten – was für ein Privileg war es, einmal nicht mit meinen Händen arbeiten zu müssen, sondern mich ganz und gar dem Lernen widmen zu können!

Nicht nur die Bauern erinnerten mich an meine Kindheit. Immer wieder musste ich mich in der Ruhe und Stille der Ausbildungsstätte meinen Sorgen und Ängsten stellen. Ich erkannte, dass ich immer davon ausgegangen war, ich sei nichts wert. »Niemand will euch«, wie meine Mutter zu sagen pflegte. Und zum ersten Mal öffnete ich mich deshalb einer Seelsorgerin. Schwester Magdalene arbeitete mit mir auf, woher mein Minderwertigkeitsgefühl kam. Wir sprachen über die Auseinandersetzungen zu Hause. Ich lernte in diesen Gesprächen vor allem eines: Jesus hatte mir vergeben und er liebte mich. Es fiel mir unglaublich schwer, das zum ersten Mal auszusprechen. Aber ab diesem Moment fühlte es sich wirklich echt und wahr an. Künftig würde ich immer dann, wenn die Selbstzweifel hochkamen, auf Jesus schauen. Ihm vertrauen und Hoffnung in der Bibel suchen.

Im vierten Jahr der Ausbildung stand ein großes Praktikum an und ich wollte gerne ins Ausland. Aber die alten Ängste tauchten wieder auf, ich fragte mich: *Kann ich das überhaupt?* Meine Familie zu Hause würde sicher nicht so positiv auf einen Auslandsaufenthalt reagieren. Ich hinterfragte meine eigenen Motive: Warum wollte ich ins Ausland? War es nur Abenteuerlust?

Doch Schwester Magdalene ermutigte mich, Schritte zu gehen, die ich mir selbst nicht zutraute, und so machte ich mich mit einer Schweizer Freundin nach Liberia auf. Dort wollten wir auf einer kleinen Missionsstation mitarbeiten. Wir halfen der dortigen Schweizer Krankenschwester, so gut wir konnten, in ihrer kleinen Klinik, die sie selbst aufgebaut hatte. Oder auch der amerikanischen Missionarin, die die Jugendarbeit der dortigen Gemeinde leitete. Dass wir ab und zu mit in die Buschdörfer fahren durften, war ein extra Bonus. Hier fühlte ich mich wohl, fragte mich aber immer wieder: *Brauchen die Afrikaner mich wirklich?* Denn Missionare gab es dort viele und auch eine lebendige Kirche. Die Gottesdienste waren gut besucht und fröhlich, der Glaube aufrichtig und kompromisslos. So arm die Afrikaner dort auch waren, sie hielten sich an den Gott, an den sie glaubten. Ich freute mich daran, doch zugleich war mir klar: Der Weg nach Afrika ist nicht meiner. Ich will dorthin, wo die Menschen Jesus noch nicht kennen.

Nach meiner Rückkehr nach Deutschland setzte ich mich an meine Abschlussarbeit. Es war 1989, die Mauer fiel und viele Deutsche kehrten aus den russischen Gebieten zurück in ihre Heimat. Eines Tages gelangte ein Buch in meine Hände: *Gebet für die Völker der Sowjetunion.* Der Autor hatte für jedes Land die Anzahl der Christen aufgeführt. Die zentralasiatischen Völker fielen mir ins Auge. Da hieß es: *Aserbaidschan: 5 Christen, Turkmenistan: 4 Christen, Usbekistan: 0 Christen* und so weiter.

Das Herz ging mir auf. »Da muss ich hin, da gibt es was zu tun«, sagte ich mir.

Es war wohl eine Mischung aus Berufung und Abenteuerlust, die mich trieb. Schwester Magdalene bestärkte mich durch eine Bibelstelle. In Johannes 15,16 heißt es:

Nicht ihr habt mich erwählt, ich habe euch erwählt. Ich habe euch dazu berufen, hinzugehen und Frucht zu tragen, die Bestand hat, damit der Vater euch gibt, um was immer ihr ihn in meinem Namen bittet.

Zuerst einmal aber arbeitete ich anderthalb Jahre in einer evangelischen Gemeinde in Züttlingen, einem kleinen Dorf, als Praktikantin. Meine Lebensumstände dort waren einfach. Ich wohnte in einem kleinen Häuschen, mit einer Toilettenhütte im Freien. Eine meiner Aufgaben war es, alle Frauen der Gemeinde zwischen zwanzig und vierzig Jahren zu besuchen – eine ungewöhnliche Aktion für eine Landeskirche, in der normalerweise vor allem die Älteren besucht wurden. Entsprechend erstaunt waren die Frauen, wenn ich sie anrief, um einen Termin auszumachen. Und ich musste erneut meine Schüchternheit überwinden. Viele ließen sich auf einen Besuch ein und die guten Gespräche bei Kaffee und Keksen waren alle Mühe wert.

Pfarrer Jakob Tscharntke war sehr evangelistisch. In der Weihnachtspredigt erklärte er, dass, wer ohne Jesus lebe, nicht das ewige Leben habe. Im Konfirmandenunterricht sprach er über Himmel und Hölle. Nicht jeder freute sich über diese unverblümte Direktheit. Doch mich prägt seine Offenheit im Umgang mit dem Evangelium bis heute. Und auch auf die Gemeinde hatte sie ihren Einfluss, auch wenn der Pfarrer Widerstand erfuhr. Wenn ich damals mit meinem Fahrrad durch Züttlingen fuhr, hatte ich manchmal regelrecht das Gefühl einer Aufbruchsstimmung. Ich hatte den Eindruck, dass der Heilige Geist mitten unter uns wirkte. Es bildeten sich Gebetskreise und Bibelgruppen, Menschen kamen zum Glauben. Das Dorf war in Bewegung.

Ich nutzte die Zeit, um Kontakte zu einer neu zugezogenen Familie Russlanddeutscher im Ort zu knüpfen. Von ihnen lernte ich meine ersten russischen Worte. Mein Wunsch, in Zentralasien zu arbeiten, wuchs weiter. Im Sommer reiste ich mit einer Missionsgesellschaft drei Wochen nach Bischkek in Kirgisistan. Ich lernte dort Muslime kennen, die die Geschichten von Jesus hören wollten, sich geradezu danach sehnten. Unter ihnen war mein Platz, das spürte ich deutlich.

Und so war es letztlich die kleine Gemeinde in Züttlingen, die mich aussandte.

WEC International war die Missionsorganisation, mit der ich mich entschied, weiterzuarbeiten. Ich hatte mit ihnen schon mein Afrika-Praktikum gemacht. WEC, die Abkürzung für *Weltweiter Einsatz für Christus*, schickt Missionare für Kurz- oder Langzeiteinsätze in die ganze Welt.

Als ich den Verantwortlichen dort meine Idee schilderte, ausgerechnet in Zentralasien zu arbeiten, sagten sie mir, dass es dort noch keine deutschen Missionare gebe. Doch sie brachten mich in Kontakt mit einem schottischen Ehepaar in Zentralasien, das mir viel über das Land und die Menschen erklärte.

Ich lernte: Turkmenistan liegt in der Wüste. Die Turkmenen sind Nomaden, stolz und eigenständig, doch die russische Besatzung hat ihren Stolz gebrochen. Die Lebensbedingungen dort sind schwer. Im Sommer wird es vierzig Grad heiß, im Winter minus zwanzig Grad kalt.

Wer sich in Russland etwas zuschulden kommen ließ, wurde nach Turkmenistan strafversetzt. Doch was für viele Russen offenbar so abstoßend war, erschien mir als Einladung. Alles, was ich über die Turkmenen las, zog mich zu ihnen. Ich wusste, was es hieß, ein einsames Herz zu haben. Wie es war, sich nach echter Liebe und echtem Leben zu sehnen. Ohne je einen Turkmenen kennengelernt zu haben, fühlte ich mich dem Volk verbunden.

Im Rahmen eines sechsmonatigen Kandidatenkurses, der alle Missionare auf ihre Einsätze vorbereitete, hörte ich immer wieder die große Unsicherheit der Organisation mit Blick auf Turkmenistan heraus.

»Wir wissen nicht genau, wie die Lage dort ist«, sagte der Kandidatensekretär zu mir. »Ich möchte, dass du ein Testament schreibst, bevor du dorthin gehst. Und du sollst wissen, dass wir im Falle einer Entführung kein Lösegeld zahlen. Wenn du damit einverstanden bist, werden wir dich aussenden.«

Also schrieb ich mit siebenundzwanzig Jahren mein Testament. Bereit für die weite Welt.

»Hey, wir wollen dir nur sagen, dass wir uns freuen, dass du zu uns kommst, und dass wir dich lieben.«

Vielleicht waren die Worte der kanadischen Missionare David und Sherry Block nur eine englischsprachige Floskel. Doch als sie mich aus Kasachstan anriefen und mich mit diesen Worten begrüßten, wurde mein Herz warm. Ihre Zuversicht begleitete mich auf meinem weiteren Weg.

Meine erste Station als Missionarin in Zentralasien würde also Kasachstan sein. Dort lebten die beiden WEC-Missionare schon länger. Sie sollten mir ausreichend Sicherheit bieten, um die Sprache zu lernen. Ein Jahr später würde ich in das Land meiner eigentlichen Bestimmung weiterziehen. Das war der Plan.

Ich nutzte die Wochen zu Hause, um noch ein wenig Russisch zu lernen, und dann ging es los. Meine Eltern brachten mich an einem Sommermorgen zum Flughafen in Hannover. Mit nichts als einem Koffer und einer Holzkiste, die mein Bruder mir zusammengebaut hatte, wartete ich am Eingang zu den Gates.

Ich sehe meine Eltern noch vor mir: Hand in Hand standen sie da. Vier Jahre in Adelshofen hatten ihnen gezeigt, dass die Bibelschule keine Sekte war und sie sich nicht um mich sorgen mussten. Wir weinten nicht. Stattdessen war die Stimmung gelöst und fröhlich. Heute würde ich sagen, es war eine Art unausgesprochener Versöhnung zwischen uns. Alles würde gut werden, dessen war ich mir sicher. Dann bestieg ich die Aeroflot-Maschine nach Kasachstan.

David: Ich wurde 1969 in Langley geboren. Das ist eine kleine Stadt in Kanada nahe Vancouver. Die US-amerikanische Grenze ist nur einen Katzensprung entfernt, die nächstgrößere Stadt ist Seattle.

Meine Mutter Jeannie ist Amerikanerin, mein Vater Bill war Kanadier. Die beiden lernten sich auf einer Bibelschule in Portland kennen. Meine Mutter ging gleich nach der Highschool dorthin, mein Vater war bereits Mitte zwanzig, als er dort anfing, und überdies ein erfolgreicher Unternehmer. Gemeinsam mit meinem Großvater betrieb er eine Nerzfarm – so etwas würde es heute aus Tierschutzgründen nicht mehr geben, aber damals war es keineswegs anrüchig.

Doch mein Vater war nicht nur einer der Erben dieses Unternehmens, er war auch ein echter Erfinder. Schon mit zwölf Jahren baute er Motoren auseinander und wieder zusammen, als junger Mann entwickelte er ganz allein ein System zur automatisierten Fütterung der Nerze. Doch nicht nur das. Er betrieb außerdem schon mit Anfang zwanzig ein riesiges Kühllager, in dem die Bauern aus der Gegend ihre Waren zwischenlagerten, um sie dann im Laufe der Zeit auf den Märkten zu verkaufen. Ich erinnere mich an die riesigen meterhohen Regale voller Lebensmittel. Außerdem investierte mein Vater Bill in ein großes Bauprojekt in der Nähe. Vor allem die Nerzfarm brachte ihm so viel Geld ein, dass er bereits als Zweiundzwanzigjähriger einen Pilotenführerschein machen und ein kleines Flugzeug mit zwei Sitzen kaufen konnte. Das klingt alles ein wenig verrückt und ohne Zweifel war mein Vater ein Abenteurer. Vor allen Dingen aber war er fest in seinem Glauben an Gott verwurzelt, so wie ein großer Teil meiner Familie.

Meine Mutter war auf einer Farm in North Dakota aufgewachsen, sie verdiente nie ihr eigenes Geld, denn nach der Bibelschule heiratete sie meinen Vater und wurde Hausfrau, um sich um mich und meine beiden Geschwister zu kümmern. Doch sie war noch so viel mehr als das. Als ich ein Kind war, zogen wir mehrfach um, aber eines hatten alle unsere Häuser gemeinsam: Die Wände waren gesäumt von Bücherregalen. Meine Mutter las alles, was ihr in die Finger kam, und zwar so schnell wie niemand anderes, den ich je kennengelernt habe. Ganze Romane verschlang sie oft an nur einem Abend. Ihre liebsten Bücher hatten einen geistlichen Inhalt.

Sie war eine intellektuelle Powerfrau, aber mehr als alles andere liebte sie uns Kinder und lehrte uns alles, was sie über Gott wusste. Mein Bruder, meine Schwester und ich machten gemeinsam mit ihr ein Spiel daraus, Bibelverse auswendig zu lernen. Sie betete täglich für uns. Als ich in die Schule kam, tat sie sich sogar mit einem Elternpaar meiner Freunde zusammen, die ebenfalls Christen waren, und gründete mit ihnen einen Gebetskreis, in dem es immer um uns Kinder ging. Woche für Woche saßen sie zusammen und baten Gott um eine gute Zukunft für uns, dass wir gut in der Schule zurechtkamen oder uns mit unseren Freunden verstanden. Noch heute als fast Achtzigjährige leitet sie eine Gruppe in derselben Kirche, in der sie schon als junge Frau mitgearbeitet hat.

Als ich mich dazu entschied, Missionar zu werden, da war sie nicht traurig, geschockt oder ängstlich, weil sie ihren Sohn in die weite Welt entlassen musste. Nein, sie freute sich von ganzem Herzen darüber, dass ich mein Leben Gott verschreiben wollte. Vieles, was ich über den Glauben weiß, habe ich von ihr. Sie hat mich gelehrt, dass Christsein bedeutet, fröhlich zu sein. Weil Gott unser Leben in der Hand hält und wir ihm vertrauen dürfen, dass er es gut mit uns meint.

Mein Vater hingegen war immer schon ein Unternehmer und das nahm auch einen großen Teil seiner Zeit in Anspruch. Soweit ich weiß, hat das meine Mutter nie gestört, aber zu Hause musste sie seine Rolle mit ausfüllen.

Als ich ein Jahr alt war, zogen wir von Kanada in die USA und verließen Amerika danach als Familie nie wieder. Ich bin im Herzen immer Amerikaner gewesen, an Kanada erinnere ich mich kaum. Wir zogen zuerst nach Portland, wo mein Vater als Architekt arbeitete, dann ging es für uns weiter nach Bellingham und Ferndale im Staat Washington, wo ich meine Schulzeit verbrachte. Als Zwölfjähriger spürte ich zum ersten Mal, wie der Glaube, den meine Mutter mir so herzlich weitergegeben hatte, in meinem Leben wirkte.

Ich glaube, für viele Jungs ist die Zeit zwischen dem zehnten und vierzehnten Lebensjahr schwer. Für mich traf das jedenfalls besonders zu, denn ich hatte riesige Ohren. Irgendwie wollte mein Kopf langsamer wachsen als die Ohren und so sah ich damals in der Tat recht lustig aus. Was ich jetzt so locker aufschreiben kann, war für mich als Teenager eine echte Qual, auch wenn sich das Phänomen verwachsen hatte, bis ich vierzehn war. Denn natürlich war auch meinen Mitschülern mein Makel nicht entgangen. Zwei Jungs in meiner Schule hatten sich den fiesen Spitznamen »Elefantenohr« für mich ausgedacht und brüllten ihn mir den ganzen Tag auf dem Schulhof entgegen. Ich war so gedemütigt und kam oft tieftraurig nach Hause. Meine Mutter sah das natürlich und erinnerte mich eines Tages an die Übungen, die wir als Kinder gemacht hatten: Unter den vielen Bibelversen, die wir auswendig gelernt hatten, waren auch zahlreiche Psalmen gewesen. Gemeinsam mit meiner Mutter nahm ich sie mir wieder vor und las die Worte des Königs David. All diese Gebete, in denen er Gott bat, ihn vor seinen Feinden zu beschützen. Die Angst, von der er sprach, die Verletzungen, Gefangenschaft, Erniedrigung – und immer fühlte er sich durch alles hindurch Gott nah. Egal wie groß sein Leid war, immer und immer wieder fühlte er sich gehalten und gerettet.

Ich verstand plötzlich, dass diese Erlösung auch für mich gedacht war. Dass ich mich genauso an Gott wenden konnte wie David, nach dem ich im Übrigen benannt bin. Ich erkannte, dass mein Leid zwar anders war als das des Königs aus der Bibel, dass Gott sich aber ebenso um mich kümmern wollte. Und plötzlich ließ das Gefühl der Demütigung nach. Zum ersten Mal sprach Gott durch die Bibel zu mir und all das, was meine Mutter jahrelang in mich hineingepflanzt hatte, blühte auf.

Dieses neu gewonnene Selbstbewusstsein sollte sich bald auswirken, denn einige Jahre später suchte meine Highschool einen

Schülersprecher für die Stufen neun bis zwölf. Ich wäre nie auf die Idee gekommen, mich zur Wahl zu stellen, aber meine Mutter ermutigte mich und ich sagte mir schließlich: *Warum nicht?* Und siehe da, der Junge, den sie einst Elefantenohr genannt hatten, wurde tatsächlich gewählt! Bis heute ist das ein starkes Zeichen für mich, dass jeder alles schaffen kann, wenn Gott ihm zur Seite steht.

Doch wie können sie ihn anrufen, wenn sie nicht an ihn glauben? Und wie können sie an ihn glauben, wenn sie nie von ihm gehört haben? Und wie können sie von ihm hören, wenn niemand ihnen die Botschaft verkündet?

Römer 10,14

Nach meinem Abschluss besuchte ich das Wheaton College nahe Chicago, eine sehr bekannte evangelikale Hochschule in den USA. Der Evangelist Billy Graham hatte dort studiert, ebenso der Missionar Jim Elliot. Ich belegte zunächst unter anderem Kurse in Makroökonomie, aber das berührte mein Herz nicht. Stattdessen hatte ich mein Leben lang diese Worte aus dem Römerbrief im Kopf.

Ich glaube, schon in meiner frühen Kindheit ist der Same dafür gepflanzt worden, dass auch ich mich irgendwann dazu bereit fühlen würde, Gottes Botschaft zu verkünden. Meine Eltern hatten selbst einst den tiefen Wunsch gehabt, in die Mission zu gehen. Mein Vater mit seinem Pilotenschein wäre prädestiniert dafür gewesen. Er träumte davon, Bibeln nach Papua-Neuguinea oder in andere abgelegene Teile der Welt zu bringen. Und zwar so sehr, dass meine Mutter und er sogar gemeinsam einen Kandidatenkurs für eine solche Missionarsstelle besuchten. Doch dann wurde meine Mutter schwanger. Die Missionsorganisation riet meinen Eltern deshalb davon ab, diesen Traum weiterzuverfolgen. Sie hätten nicht an allen notwendigen Ausbildungseinheiten teilnehmen können.

Meine Eltern nahmen es als Zeichen von Gott: Gerade in eher unbesiedelten Gegenden der Welt schien es mit einem kleinen Kind zu gefährlich zu sein. So verabschiedeten sie sich von dem Gedanken. Ohne Groll, aber schon mit einem gewissen Bedauern. Stattdessen gaben sie einen großen Teil ihres Einkommens an Missionare weiter.

Als ich ein Kind war, hatten wir zudem oft Missionare bei uns zu Gast. Sie erzählten ihre Geschichten aus der großen weiten Welt und ich hörte staunend zu. In meinem ersten Jahr in Wheaton las ich die Biografie von Jim Elliot, der in den 50er-Jahren in Ecuador von Huorani-Indianern getötet wurde. Seine Frau Elisabeth arbeitete nach seinem Tod unbeirrt weiter mit den Einheimischen dort, was unter anderem dazu führte, dass eine Bibelübersetzung in deren Sprache erschien. Diese Geschichte begleitet mich seitdem. Jim Elliots Leben ist eine große Motivation für mich. Ich hoffe, es wird noch viele Menschen wie ihn und seine Frau Elisabeth geben.

Das Reisen ließen sich meine Eltern übrigens nicht nehmen, auch wenn ihre Missionarspläne nicht aufgingen. Ich erinnere mich an einen Europatrip, ich war wohl gerade in der zehnten Klasse. Wir besuchten Österreich, die Schweiz, Deutschland, Frankreich. Mieteten einen schönen deutschen Mercedes und düsten damit durch die Straßen. Ja, meine Eltern wussten, wie man lebte. Auch wenn vielleicht nicht immer alles so klappte wie geplant, bin ich dankbar für ihre Lebensfreude und ihre Großherzigkeit.

Ein paar Monate nachdem ich mein Studium am Wheaton College begonnen hatte, besuchten mich meine Eltern. Das Herz meines Vaters war zerrissen. Einerseits wusste er, dass ich darüber nachdachte, Missionar zu werden. Andererseits hatte er, wie wahrscheinlich die meisten Väter, wohl insgeheim gehofft, dass ich ins

Familienunternehmen einsteigen und ihm mit seinem Kühlhaus helfen würde.

Wir besuchten einen Gottesdienst und sangen gemeinsam die Hymne *O Zion, Haste* (deutsch: *O Zion, eile*) von Mary Thompson. In der letzten Strophe hieß es:

Give of thy sons to bear the message glorious;
Give of thy wealth to speed them on their way;
Pour out thy soul for them in prayer victorious;
And all thou spendest Jesus will repay.

[Deutsche Übersetzung: Schicke deine Söhne, dass sie die wunderbare Botschaft weitertragen; gib von deinem Reichtum, um sie auf ihrem Weg voranzubringen; schütte deine Seele für sie aus im siegreichen Gebet; und alles, was du austeilst, wird Jesus dir vergelten.][1]

Als wir zu der Zeile *Schicke deine Söhne, dass sie die Botschaft wunderbar weitertragen, gib von deinem Reichtum, um sie auf ihrem Weg voranzubringen* kamen, liefen meinem Vater Tränen über die Wangen. Dabei war er kein Mann, der häufig weinte. Mein Vater verabschiedete sich in diesem Moment wohl von seinem Traum, dass ich mit ihm zusammenarbeiten würde, und er sagte Ja dazu, dass ich künftig die frohe Botschaft in die Welt tragen würde. Für ihn erfüllte sich nun sein eigener Traum durch mich. Was er nicht hatte tun können, war nun zu meinem Weg geworden.

Bis heute bewegt mich der Liedtext wegen dieses Erlebnisses tief. Vor allem, weil ich heute im Rückblick weiß, was danach geschah.

Ich war bereits in der Ausbildung an der Trinity Evangelical Divinity School, einem christlichen Seminar, das ich nach dem Abschluss in Wheaton besuchte. Da klingelte eines Abends mein Telefon. Meine Mutter war am Apparat, sie weinte bitterlich und sagte: »David, dein Vater ist gestorben.«

Ich war zweiundzwanzig Jahre alt und mein Vater war gerade einmal fünfzig Jahre alt gewesen. In den Monaten zuvor hatte er mitansehen müssen, wie sein Lebenswerk nach und nach zerfallen war. Denn in der Familie hatte es plötzlich Probleme gegeben. Meine Tante und einer meiner Onkel stritten sich mit meinem Vater über das Auskommen aus der alten Nerzfarm und andere Familienangelegenheiten. Ein Konkurrent meines Vaters schwärzte ihn ungerechtfertigt bei der Bank an. Alles kam zusammen. Am Ende musste mein Vater sein Kühllager verkaufen und das Verhältnis zu seiner Schwester und seinem älteren Bruder blieb auf immer zerrüttet. Mein Vater stand mit neunundvierzig Jahren schließlich mit leeren Händen da. Dieser Mann mit seinem Abenteurerherz, all seinem Erfindungsgeist und Enthusiasmus war im vermeintlichen Herbst seines Lebens plötzlich gezwungen, neu Arbeit zu suchen. Jederzeit hatte alles, was er tat, funktioniert. Er war gesegnet. Nun zerbrach das alles vor seinen Augen innerhalb weniger Monate. Vielleicht hat ihn das letztlich umgebracht.

Nach dem Anruf meiner Mutter erfuhr ich die ganze Geschichte erst nach und nach. Mein Vater war wohl auf der Baustelle einfach umgefallen. Ein Kollege hatte noch versucht, ihm eine Herzmassage zu geben, aber es half alles nichts – er war sofort tot. Ich kann mir das heute nur so erklären, dass all die Vorkommnisse der letzten Monate seinen einst so fröhlichen Geist derart belastet hatten, dass er es nicht mehr ausgehalten hatte. Genau wissen wir natürlich nicht, was ihn umgebracht hat. Vielleicht war es auch die harte

Arbeit auf der Baustelle. Oder alles zusammen. Sein Herz hörte einfach auf zu schlagen.

Als meine Mutter mir die schlechte Nachricht überbrachte, war ich allein in meinem Zimmer, das ich zur Untermiete bei einer älteren Dame nahe des Colleges bezogen hatte. Zwei meiner Freunde kamen vorbei und blieben die Nacht bei mir, damit ich mit all meinen Gedanken und der Trauer nicht allein sein musste. Am nächsten Tag flog ich umgehend nach Hause, um bei meiner Mutter zu sein.

Als wäre nicht alles schon schlimm genug gewesen, verunglückte mein Bruder nur neun Monate später schwer. Bei einer Hochzeitsfeier sprang er kopfüber in einen Pool, übersah aber, dass das Wasser nicht tief genug war. Er kam mit dem Kopf auf und brach sich den Schädelknochen. Zwar überlebte er den Unfall, aber er verlor sein Gehör. Dabei war er angehender Kirchenmusiker. Dank eines Implantats kann er heute wieder eingeschränkt hören, aber seine Karriere musste er aufgeben.

Wie hat meine Mutter das alles durchgestanden? Wohl nur durch ihren Glauben. Sie hat immer so sehr an Gottes gutes Herz geglaubt. Das hat sie durchgetragen. Und sie hat ihr Leben weitergelebt. Meine Mutter begann gleich nach dem Tod meines Vaters, in einem christlichen Konferenzzentrum zu arbeiten. Dort lernte sie den Direktor dieses Zentrums kennen – und verliebte sich erneut. Nur neun Monate nach dem Tod meines Vaters heiratete meine Mutter zum zweiten Mal. Es war ein Schritt des Glaubens. Irgendwie erschien es keinem von uns komisch, dass so wenig Zeit zwischen Beerdigung und Hochzeit vergangen war. Meine Mutter und mein Stiefvater John waren schon älter, sie wussten, wohin sie wollten, sie teilten den Glauben an Gott. Und nach all dem Streit in der Familie in den Jahren zuvor war es für meine Mutter, als kehre nun, nach dem Tod meines Vaters, endlich Ruhe ein.

Die beiden führten eine wunderbare Ehe, bis John vor einigen Jahren mit vierundneunzig Jahren verstarb. Meine Mutter ist heute sechsundsiebzig. Sie lebt ihren Glauben fröhlich wie eh und je. Und sie genießt die Ruhe ihres Lebensabends. Alles hat sich für sie zusammengefügt als großer Segen, so dramatisch die Umstände manchmal auch waren.

Ich erinnere mich gern an das letzte Zusammentreffen mit meinem Vater: Es war Weihnachten, wenige Monate vor seinem Tod. Eines Morgens standen wir früh auf und hatten ein ruhiges gemeinsames Frühstück in einem nahe gelegenen Café. Wir sprachen uns aus über den Streit in der Familie. Ich sagte ihm, dass ihn das alles kaputt mache. Und wir sprachen über unser Leben. Die gemeinsame Zeit. Was noch kommen sollte. So viele erleben den Tod geliebter Menschen als Bruch, weil er ungelöste Konflikte zurücklässt. Das war bei uns nicht so. Und ich weiß, ich werde ihn eines Tages im Himmel wiedersehen.

»David, was willst du mal machen?«

»Missionar werden.«

»Wo?«

»Ich weiß es noch nicht.«

»Komm mit mir mit.«

Ungefähr so lief das Gespräch ab, das ich Anfang der 90er-Jahre mit George Verwer, dem Gründer der Missionsorganisation Operation Mobilisation (OM) führte. Ich hatte ihn bei einer Veranstaltung noch während meiner Ausbildung kennengelernt. Nachdem wir miteinander gesprochen hatten, bat er mich auf diese Weise spontan, sein Reise-Assistent für ein Jahr zu werden.

Später erfuhr ich, dass er jedes Jahr einem anderen Studenten dieses Angebot machte. Und was war das für ein Angebot! Ich sagte zu und so brachte mich die erste missionarische Station meines Lebens, abgesehen von ein paar Kurzzeiteinsätzen während meiner Wheaton-Zeit, nach London. In den darauffolgenden zwölf Monaten bereiste ich fünfundzwanzig Länder und allein siebzehn Städte in den USA.

Unser Haupt- und damit mein Wohnsitz war London, aber eigentlich waren wir nur unterwegs. Ich hatte die Verantwortung für Georges Bücherverkäufe bei seinen Vorträgen. Trug seine Koffer. Fuhr das Auto. Bis heute ist die inoffizielle Bezeichnung für diesen einjährigen Einsatz *Mach mal*. »Mach mal das und das, David.« Diesen Satz habe ich oft gehört. Ich war Georges *Mach mal*. Und ab und an bat er mich auf die Bühne. Er stellte mir Fragen zu meinem Eindruck von der Mission. Zu unseren Reisen. Er ließ mich erzählen. Ich lernte, vor Hunderten, manchmal vor Tausenden Menschen zu sprechen. Ich beobachtete, wie George die Menschen für die Mission begeisterte. Wie er jede Sekunde für dieses Anliegen nutzte, auch fernab der Bühnen. Ich kann mich nicht daran erinnern, dass George jemals Zeit für Small Talk oder Belanglosigkeiten verschwendet hätte. Er telefonierte, diktierte Briefe, bereitete Vorträge vor. Sein Adressbuch war so dick wie ein Telefonbuch, sicher zehntausend Namen standen darin. Und ich glaube, noch heute kennt er jeden Einzelnen davon persönlich und kann sich an ihn oder sie erinnern.

Woher ich das weiß? Obwohl ich nur ein Jahr mit George unterwegs war, schreibt er mir bis heute regelmäßig. Ist das nicht erstaunlich? Noch etwas habe ich von George gelernt: Er hat immer offen auch über seine Schwächen gesprochen. Er schämte sich nicht dafür, dass er zum Beispiel Probleme mit Pornografie hatte. Stattdessen sprach er über seinen Kampf gegen die Obsession. Weil auch Christen Schwächen haben. Und weil diese ins Licht gehören, statt geheim im Schatten vor sich hin zu wachsen. Sein Einsatz für die Mission hat ihn auch viel Familienzeit gekostet. Seine Kinder haben ihn selten gesehen. Er wusste das. Und er sprach darüber. George hat mich wie kein anderer ermutigt, in die unerreichten Gegenden der Welt zu gehen. Eines Tages gegen Ende meiner Zeit bei George fiel mir ein Missionsbericht in die Hände. Es muss zeitlich um den Fall der Sowjetunion herum gewesen sein. Das Schreiben zeigte die verschiedenen Länder hinter dem ehemaligen Eisernen Vorhang, analysierte deren gesellschaftliche Zusammensetzung und auch das religiöse Leben dort. Die Zahl der Missionare war frappierend gering. In Turkmenistan lag sie bei zehn oder zwanzig.

In Berichten hatte ich davon gehört, dass die Menschen in Turkmenistan durch den jahrzehntelang vorherrschenden Kommunismus rein gar nichts von Religion wussten. Es war noch nicht einmal so, als wären sie Christen gegenüber feindlich gesinnt. Sie hatten schlicht keine Ahnung, wer Jesus Christus war. Ich wusste, dort musste ich hin. Das war meine Aufgabe: die Unerreichten erreichen. Mein Plan stand fest: Turkmenistan. Mit OM.

Ich wollte weiterhin dort arbeiten, schließlich hatte ich schon während meines Studiums kurze Auslandseinsätze mit der Organisation gemacht und war gerade ein Jahr mit deren Gründer unterwegs gewesen. Die Arbeit machte mir Spaß und ich schätzte die Atmosphäre dort. Außerdem war ich mir sicher, dass ich wie Paulus in der Bibel unverheiratet bleiben würde, um mich vollen Herzens meiner Aufgabe widmen zu können. Mit dieser Idee im Kopf kontaktierte ich die entsprechenden Stellen bei OM, um herauszufinden, ob ein Einsatz in Osteuropa möglich wäre.

Die Organisation erklärte mir, dass sie bislang keine Missionare in Turkmenistan einsetze, wohl aber im Nachbarland Kasachstan.

Und so kam schließlich ein Kontakt dorthin zustande. OM zeigte sich offen für die Idee, mich als ersten Missionar nach Turkmenistan zu entsenden. Ich sollte mich einer kleinen Auslandsgemeinde voller Missionare aus verschiedenen Ländern und von verschiedenen Organisationen anschließen, bei einer Gastfamilie leben und dort möglichst schnell die Sprache lernen. Denn ich konnte natürlich kein Wort Turkmenisch.

Schneller, als ich gucken konnte, war es so weit: Im Sommer 1995, nach dem Ende meiner Ausbildung, meines Jahres mit George und den missionarischen Grundkursen, packte ich meine Sachen und setzte mich in den Flieger von London nach Aschgabat, der Hauptstadt Turkmenistans.

AUF NACH ZENTRALASIEN!

1992–1995

Ulrike: Alma heißt Apfel.

Alma-Ata, so hatte Almaty, die Hauptstadt von Kasachstan, nicht lange vor meiner Ankunft im Jahr 1992 noch geheißen, war also die Stadt der Äpfel. Denn tatsächlich stammen auch unsere europäischen Äpfel, die wir heute im Supermarkt kaufen können, von einer Art des Asiatischen Wildapfels aus dem Süden von Kasachstan ab. Doch inzwischen war von Apfelbäumen nicht mehr viel zu sehen in dieser modernen Stadt mit ihren mehrspurigen Straßen und Wohnblöcken, umgeben von Bergen mit ihren schneebedeckten Gipfeln.

Als ich dort ankam, gab es im Innern der Stadt viele Plattenbauten und gerade Straßen, die auch nach dem Zerfall der Sowjetunion noch nach Lenin oder anderen sowjetischen Gallionsfiguren benannt waren. Dennoch barg sie eine eigentümliche Schönheit. Der Sommer war heiß, der Frühling aber angenehm warm, es gab hübsche Kanäle mit Bäumen auf beiden Seiten und blühenden Tulpen links und rechts. Der Winter in Almaty hingegen war so eisig, dass Spucke auf dem Boden in Sekundenschnelle gefror. In den wenigen Einkaufszentren, die es in der Stadt gab, reihten sich leere Regale aneinander, weil es keine Waren gab. Waren sie ausnahmsweise gefüllt, fanden sich in ihnen die immer gleichen Produkte. Die Kasachen waren gastfreundlich und genügsam, ihr Leben war schlichter als unseres in Deutschland, aber zugleich nicht weniger intellektuell.

Das alles wusste ich freilich noch nicht, als ich damals den Fuß zum ersten Mal auf den warmen Boden des Flughafen-Rollfeldes setzte. Ich betrat in diesem Moment nicht nur ein anderes Land. Es war eine andere Welt. Das Ende der Sowjetunion war ein Jahr her, seit Dezember 1991 war Kasachstan unabhängig. Die Kasachen hatten bereits ihren ersten Präsidenten gewählt, der Staat war auf dem Weg zur Demokratie, zugleich gab es territoriale Konflikte mit den Nachbarstaaten und die Lebensumstände der Bevölkerung waren schlecht. Mit der neu gewonnenen Freiheit seit dem Sturz des sozialistischen Regimes in Moskau war eine noch größere Armut als zuvor gekommen. Lebensmittellieferungen aus Russland blieben aus, stattdessen musste die Bevölkerung sich in einer neuen, offenen und marktwirtschaftlichen Welt zurechtfinden.

Ich erinnere mich an Menschenschlangen vor Brotläden. Es gab noch keine funktionierende Infrastruktur, alles war im Aufbau. Die Armut war überwältigend und viele schimpften über ihr neues Leben: »Früher war es doch besser, da hatten wir säckeweise Essen, Medikamente und jetzt ...«, sagten die Menschen. Ihre Erinnerung mag stellenweise verzerrt gewesen sein, aber offensichtlich war die Lebenssituation im Land schlecht.

Die Kanadier David und Sherry Block, die mir vor meiner Abreise am Telefon gesagt hatten, wie sehr sie sich auf mich freuten, holten mich und Gabi, die im ersten Jahr meine Missionarspartnerin sein sollte, vom Flughafen ab. Wir beiden bezogen eine Wohnung in Almaty und lernten Russisch, um uns anschließend auch in den anderen Staaten der ehemaligen Sowjetunion zurechtfinden zu können. Russisch war die dominante Sprache im Land und wurde sogar in der Schule gesprochen. Kasachisch sprachen selbst die Einheimischen kaum. Außerdem war mein Ziel ja Turkmenistan, da sollte mir das Russische weiterhelfen.

Das ganze erste Jahr in Kasachstan erscheint mir rückblickend wie eine Art Flitterwochen. Ein lockerer Einstieg in mein neues Leben, bevor es wirklich ernst werden würde und ich meinen Weg weitergehen sollte.

Es war nicht so, als hätte ich keine Schwierigkeiten gehabt: Die neue Sprache machte mir zu schaffen, ich hatte meine Konflikte mit Gabi, die Kultur war mir so unglaublich fremd. Aber in alldem hatte ich immer das Gefühl, dass Gott bei mir war. Alles um mich herum war spannend und es geschahen unglaubliche Dinge.

Es schüttete wie aus Kübeln. Ich war auf dem Markt unterwegs. Der ganze Platz war dicht gedrängt voll mit Menschen.

Plötzlich kam ein Mann von hinten angerannt, stieß mich fast um und riss mir meine Tasche weg. Darin befanden sich nicht nur meine Geldbörse, sondern auch mein Pass und mein Visum. Ich war starr vor Schreck. Mein wichtigstes Hab und Gut war weg! Meine Lebensgrundlage in Kasachstan.

Ich sah den Mann nur noch von hinten, er drohte, jeden Moment in der Menge zu verschwinden. Ich fasste mich und lief ebenfalls los. So schnell ich konnte, rannte ich ihm nach, aber ich wusste, ich würde den Sichtkontakt verlieren, wenn ich nichts unternahm. So verrückt das klingen mag, aber mir fiel nichts anderes ein, als auf Englisch zu rufen:»Im Namen Jesu, Stopp!«

Das Unglaubliche geschah. Der Mann hielt exakt in dieser Sekunde an. Er drehte sich zu mir herum und gab mir tatsächlich meine Tasche zurück. Meine Knie zitterten, undeutlich hörte ich die Leute um mich herum sagen, ich solle die Polizei rufen, aber ich war einfach nur dankbar.

An diesem Tag lernte ich, dass ich mich auf Jesus verlassen konnte. In jeder Lebenssituation. Er war meine Burg. Er war es all die Monate in Kasachstan und auch die späteren Jahre in Turkmenistan und in der Türkei.

Während der Zeit in Kasachstan fand ich schnell engeren Kontakt zu einer meiner Sprachlehrerinnen. Die ältere Dame musste einige Zeit im Krankenhaus verbringen. Ich wiederum hatte Zeit und sehnte mich nach Kontakten, also besuchte ich sie, sprach ihr Mut zu und erzählte ihr auch von Gott. Im Gegenzug half sie mir dabei, die Lage der Menschen im Land besser zu verstehen, und sie ließ mich an ihrer Welt und auch ihrem Leid teilhaben, das mir bis dahin so fremd gewesen war.

Sie berichtete mir von leeren Apotheken, von Menschen, die sich auf dem Schwarzmarkt Spritzen, Anästhesiemedikamente oder Verbandsmaterial für anstehende Operationen beschaffen mussten, denn das Gesundheitssystem war völlig überlastet und mangelversorgt. Die medizinischen Geräte waren alt und teilweise unbrauchbar. Für mich als Krankenschwester war das schwer auszuhalten. Ich sah, dass die Krankenhäuser zwar sauber, aber eigentlich alle Utensilien zur Behandlung knapp waren. Ganz viele Kasachen gingen aus diesen Gründen gar nicht erst ins Krankenhaus oder zum Arzt, wenn es ihnen schlecht ging.

Es gab außerdem unglaublich viele Alkoholiker in Kasachstan. Einmal mussten Gabi und ich den Krankenwagen rufen, weil ein Mann vor unserer Haustür betrunken zusammenbrach. Das war besonders deshalb unerwartet für mich, weil die Kasachen eigentlich Muslime waren und keinen Alkohol tranken. Doch im Laufe der Jahre hatten sie unter der sozialistischen und religionsfeindlichen Herrschaft der Sowjetunion vergessen, was ihren muslimischen Glauben eigentlich ausmachte – so wie viele Europäer heute auch nicht mehr wissen, was eigentlich hinter dem Christentum steckt. Im Stadtbild gab es kaum Moscheen, eine kasachische Übersetzung des Korans erschien erst 1991. Religiöses Leben war den Menschen im Land kaum möglich und mit erheblichen Schwierigkeiten verbunden.

Und doch waren die Russen trotz des sozialistischen und religionsfeindlichen Regimes offiziell orthodox. Bis heute gibt es in jeder größeren Stadt in Zentralasien orthodoxe Kirchen. Einmal hörte ich einen Mann zu mir sagen:»Dieser Jesus ist der Gott der Russen.« Das machte es nicht gerade leichter, mit den Einheimischen über den christlichen Glauben ins Gespräch zu kommen. Denn neben der Tatsache, dass Religion an sich staatlich unterdrückt war, verbanden die Kasachen Jesus mit dem russischen Regime. Zugleich spürte ich allezeit, dass die Abwesenheit von Religion eine Lücke im Leben der Menschen hinterlassen hatte.

Ich selbst besuchte im ersten Jahr eine Gemeinde koreanischer Missionare mit dem klangvollen Namen *Grace*, also Gnade. Die Gruppe war zutiefst charismatisch. Wenn sie zu einer Gebetsnacht einlud, dann hieß das wirklich, dass das Gebet die ganze Nacht andauerte. So fand ich gesetzt protestantisch aufgewachsenes Mädchen mich zwischen laut auf Koreanisch betenden Christen wieder und verstand kein Wort – es war ein Kulturschock, aber die Hingabe der Menschen erreichte mein Herz und ich kam während meiner Zeit in Kasachstan immer wieder hierher. Nicht zuletzt deshalb, weil die eigentlich koreanischsprachigen Gottesdienste ins Russische übersetzt wurden, ich ihnen also folgen konnte und zugleich meine Sprachkenntnisse erweiterte.

Die Gottesdienste fanden in einem alten Kino mit zweihundert bis dreihundert Gästen statt. Ich lernte in dieser Zeit viel darüber, wie unterschiedlich man Mission angehen konnte. Und beschloss: Egal in welches Land ich gehen würde, ich wollte nahe an den Herzen der Menschen sein. Denn so verstand ich auch Jesus, der sein Leben mit den Menschen geteilt hatte bis hin zum Tod.

Ich nahm mir vor, die Sprache, die Kultur und das Leben der Menschen kennenzulernen und darauf meine missionarische Arbeit zu bauen. Das war sicherlich der mühsamere Weg mit täglichem Sprachunterricht und vielen Gesprächen über das Leben mit den Menschen vor Ort. Aber wie sonst hätte ich sie je erreichen können? Die Zeit in Kasachstan nahm ich als Lehrjahr an. Hier würde ich den ersten Kontakt zu Menschen in Zentralasien herstellen, sie kennenlernen – und dann tiefer gehen.

Meine Missionsorganisation hatte glücklicherweise eine ähnliche Einstellung. Und so konnte ich die nächsten zwei Jahre zum intensiven Sprachstudium verwenden und dabei gleichzeitig von Anfang an miterleben, wie der Glaube in Zentralasien Fuß zu fassen begann. Wir Missionare vor Ort hatten das Gefühl: *Das hier ist der Anfang von etwas Großem und wir sind Teil davon.*

Wenn ich daran denke, habe ich noch heute Schmetterlinge im Bauch. Es war eben wie in den Flitterwochen.

David: Es war brüllend heiß. Fünfundvierzig Grad Außentemperatur mindestens. Die Flugzeugtüren öffneten sich, und was mir da entgegenschlug, erschien mir nicht wie Sauerstoff zum Atmen, sondern wie Umluft aus einem Backofen, heiß genug, um Nahrung darin zu rösten.

Die turkmenische Hauptstadt Aschgabat liegt in einer Oase mitten in der Wüste Karakum, am Fuße eines Gebirges und in der Nähe der iranischen Grenze. 1995, als ich dorthin kam, sah man der Stadt ihre Sowjet-Vergangenheit noch deutlich an: Die Häuser waren alt, braun, einfach hochgezogen, Tür an Tür, Fenster an Fenster, typische Plattenbauten. Es war heiß, schmutzig und ärmlich. Ständig herrschte Wasserknappheit oder der Strom fiel aus. Klimaanlagen gab es kaum. In den Nächten deckten sich die Einwohner mit feuchten Laken zu, damit sie bei der Hitze Schlaf finden konnten. Amerika galt vielen noch als der große Feind und der Geheimdienst KGB war noch immer aktiv und im Geheimen scheinbar allgegenwärtig. Nach dem Fall der Sowjetunion waren seine Strukturen einfach weiterbetrieben worden. Offiziell existierte die Organisation nicht mehr, aber inoffiziell war sie überall.

In dieser scheinbar lebensfeindlichen Umgebung sollte ich nun meinen Weg machen. Statt bei einer Familie zog ich bei einer geschiedenen Frau und ihrem achtzehnjährigen Sohn ein. Die beiden lebten in einer kleinen Wohnung mitten in Aschgabat, ich bezog die Wohnzimmercouch. Privatsphäre gab es für mich also erst einmal keine. Bis zu meinen ersten eigenen vier Wänden in Turkmenistan sollte es noch ein gutes halbes Jahr dauern – erst, als sich die Arbeit vor Ort etabliert hatte, zog ich in eine eigene Wohnung. Aber ich hatte auch keine königlichen Verhältnisse erwartet. Eine Couch und das Abenteuer gleich vor der Tür reichten mir fürs Erste.

Ich wollte die Zeit nutzen, um die Menschen vor Ort und die Sprache kennenzulernen. Die Familie sollte mir dabei helfen, Turkmenisch zu lernen, doch daraus wurde nichts. Denn in dem Haushalt der Alleinerziehenden wurde ausschließlich Russisch gesprochen! Russisch war für die Bewohner der Sowjetunion Teil ihrer Hochkultur, Turkmenisch galt als primitiv, eine Bauernsprache. Heute ist das freilich anders, aber damals ging mir so jede Chance ab, meine Sprachkenntnisse im Turkmenischen aufzubauen.

Doch ich machte das Beste daraus und lernte eben Russisch. Darüber hinaus hatte der Sohn meiner Vermieterin ein lebhaftes Interesse daran, Englisch zu lernen – sodass wir uns oft in meiner Muttersprache unterhielten. Wir waren schon eine kuriose Lerngruppe. Mein achtzehnjähriger Sprachpartner träumte von der großen weiten Welt, aus der ich gerade kam, wollte studieren und viele westliche Länder bereisen. Und ich hatte ausgerechnet davon geträumt, in diese karge Wüste zu ziehen, aus der er möglichst schnell abhauen wollte. Es dauerte nicht lange und wir waren Freunde.

Eine meiner ersten Anlaufstellen in Aschgabat war die internationale Gemeinde. Was für eine verrückte und bunte Familie Gottes ich dort fand!

Ein paar Dutzend ausländische Missionare kamen als Hauskirche zusammen. Wir trafen uns in Wohnzimmern, teilten den Wunsch, die Geschichte Gottes weiterzuerzählen, aber ansonsten waren wir so unterschiedlich wie Wildblumen auf einer Wiese. Wir kamen aus allen möglichen Ländern und Himmelsrichtungen: Kanada, England, Deutschland, Südafrika. Und wir kamen aus allen denkbaren Kirchen und Denominationen. Bei allen theologischen Fragen, die uns trennten, vereinte uns jedoch der Glaube an Jesus Christus. Wir stritten zwar immer mal wieder über bestimmte Themen von der Kindertaufe bis dahin, an wen das Abendmahl ausgeteilt werden dürfte. Aber in erster Linie lebten wir einfach unseren Glauben gemeinsam und ließen nicht zu, dass uns theologische Fragen auseinandertrieben. Wir sangen. Wir beteten. Wir standen zusammen. Diese Einheit untereinander ist eine der wertvollsten Erinnerungen und Lektionen aus meiner Zeit in Turkmenistan. Wir Christen sind Geschwister, egal, woher wir kommen. Unser Glaube an Jesus Christus macht uns zu einer Familie.

Das entging auch unserem Umfeld nicht: Immer wieder hatten wir Begegnungen mit dem Geheimdienst. Einmal klingelten während eines kleinen Hausgottesdienstes drei oder vier Agenten an der Tür. Ich erkannte sofort, dass sie nicht zu uns gehörten, denn wir Gemeindemitglieder waren uns vertraut und an diesem Tag waren wir nur zu zehnt. Der Gottesdienst wurde sofort unterbrochen.

Die Männer traten ein, bauten sich mir gegenüber auf und sagten: »Herr Byle, wir wissen genau, was Sie hier tun!«

»Ja, und jetzt?«, entgegnete ich.

Schließlich verließen sie das Haus wieder. Sie wollten uns lediglich wissen lassen, dass sie uns im Blick hatten. Nicht nur dieses Mal. Am Ende lief es immer darauf hinaus, dass uns die Agenten ein paar Fragen stellten, um uns einzuschüchtern. Sie hatten nicht wirklich etwas gegen uns in der Hand. Wir kamen aus dem Ausland und sie wollten herausfinden, ob wir Spione waren – ganz so, wie sie es in den Jahren zuvor für die Sowjetunion mit anderen Ausländern getan hatten.

Einmal musste ich sie sogar auf die Polizeistation begleiten, wo sie mir ein paar Fragen zu meiner Herkunft und meinem Job stellten und mich dann wieder gehen ließen. Diese Verhöre machten mir jedoch nie Angst. Ich wusste, je öfter ich den Namen Jesus erwähnte, desto sicherer war ich. Denn Missionare waren in den Augen der Behörden keine Gefahr. Sie wussten vermutlich nicht einmal, was ein Missionar genau tat. Religion war keine Kategorie für sie.

Auch das hatten die Jahrzehnte im Sozialismus bewirkt. Glaube an Übernatürliches war nicht verpönt, sondern schlicht eine große Unbekannte. Also sprach ich, so viel es ging, über Gott, wenn sie mich ausfragten. Ich sagte eigentlich ständig Sätze wie: »Wissen Sie was? Jesus liebt Sie!« Das brachte mich immer sicher zurück nach Hause. Und wer weiß, vielleicht hat es ja bei dem ein oder anderen der Agenten und Polizisten auch Spuren hinterlassen.

Meine ersten Wochen und Monate in Turkmenistan waren simpel gestrickt. Sie bestanden aus Russisch pauken, Einheimische treffen, um die Kultur kennenzulernen, beten, Gemeindeversammlungen abhalten und Gottesdienste feiern.

Die Missionare vor Ort sorgten sich vor allem um die Weiterbildung der lokalen Bevölkerung, sodass sie gängige Krankheiten früh erkennen konnten. Ich selbst war nun kein Mediziner. Deshalb suchte ich mir einen Job in der örtlichen Universität. Tatsächlich brachte ich den Besuchern dort Englisch bei. Ich wurde eine Art Lehrer.

Doch unter den Missionaren, die sich um die gesundheitlichen Fortbildungen kümmerten, war eine Frau, die mein Leben auf den Kopf stellen sollte: Ulrike. Sie war zwei Jahre vor mir in Turkmenistan angekommen.

Ulrike: Endlich!

Nach einem Jahr in Kasachstan saß ich dicht gedrängt zwischen Menschen auf abgewetzten Polstern in einem in die Jahre gekommenen Zug der sowjetischen Eisenbahn. Eine mehrtägige Reise über zwei Landesgrenzen lag vor mir. Ruckelnd bewegte sich der

Zug von Almaty über Taschkent in Usbekistan nach Aschgabat in Turkmenistan. Um mich herum sprachen fast alle Russisch.

Die Missionsorganisation hatte sich entschieden, mich weiterziehen zu lassen, nachdem ich bereits ein Jahr lang in Zentralasien gewesen war. Ich wurde zur ersten deutschen Missionarin meiner Organisation in Turkmenistan! Zum Glück begleiteten mich Freunde, ich musste nicht ganz alleine unterwegs sein. Ich hatte noch nicht einmal ein Visum dabei. Das war auch gar nicht notwendig. Kurz nach dem Zusammenbruch der Sowjetunion waren die Staaten noch kaum organisiert.

Je mehr wir uns der turkmenischen Grenze näherten, desto weniger Menschen sah ich. Denn die Fahrt führte am Rand der Karakum-Wüste entlang. Mit jedem Kilometer, den wir fuhren, wurde es heißer. In Aschgabat angekommen, zog ich zu einer turkmenischen Familie. Der Vater war Englischlehrer an der Uni, die beiden Töchter studierten.

Sofort merkte ich: Das Leben in Turkmenistan war anders als in Kasachstan. Zwar hatten beide Länder zur Sowjetunion gehört und waren daher ähnlich geprägt. Aber die Metropolen Almaty und Aschgabat lagen immerhin über zweitausend Kilometer auseinander. Hier wurde anders gelebt, gegessen und geschlafen als in meinem vorherigen Zuhause.

So teilte ich mir mit einer der Töchter ein Zimmer – und verbrachte die Nächte wie alle hier auf dem Boden. Überhaupt spielte sich eigentlich das ganze Leben auf dem Fußboden ab. Dort erwachten wir. Dort saßen wir und aßen. Dort unterhielten wir uns.

Die Familie hatte wie die meisten ihrer Landsleute die Angewohnheit, abends um elf Uhr Tee zu servieren. Zu einer Zeit also, als ich eigentlich schon im Bett gelegen hätte, breiteten sie noch mal die Tischdecke auf dem Boden aus. Also saß ich oft abends mit der Familie zusammen, bemüht, ein paar Brocken Turkmenisch aufzuschnappen, während mir immer wieder die Augen zufielen und ich eigentlich gar nicht mehr aufnahmefähig war. Ich genoss zwar die Gemeinschaft, war aber auch nicht böse drum, als eine russische Deutschprofessorin an der Uni mir schon wenige Wochen später einen Platz in einem Studentenwohnheim anbot.

Neben allem Neuen merkte ich schon in diesen ersten Tagen: Die Turkmenen faszinierten mich. Die meisten von ihnen waren einfache Leute, Bauern. Sie waren reserviert, zurückhaltend, schwer zu durchschauen. Das alles passte wunderbar zu mir und meiner Herkunft: Ich, das Mädchen vom Land, das nicht viel sprach und sich ständig selbst hinterfragte, war hier zwischen Menschen gelandet, deren Sprache es zwar nicht verstand, die ihr aber charakterlich ähnlich waren. Dabei hätte uns eigentlich kaum etwas verbinden dürfen, waren die Welten, aus denen wir kamen – Westen und Osten –, doch derart unterschiedlich.

Es war wunderbar: Ich fühlte mich wohl!

Mein Zimmer im Studentenwohnheim teilte ich mir mit Maja. Sie war eine Turkmenin aus der etwa fünf Fahrtstunden entfernten Wüstenstadt Mary. Sie lernte an der Universität Deutsch. Gemeinsam meisterten wir das simple Leben im Wohnheim. Es gab kein fließendes Wasser im Zimmer. Wollten wir uns waschen oder auf die Toilette gehen, mussten wir das Stockwerk wechseln. Zum Kochen gab es eine einfache Platte im Zimmer.

Einmal in der Woche fuhren wir zum Duschen in ein Hamam, also eine Badeanstalt, oder wir besuchten Verwandte von Maja in Aschgabat. Gelegentlich nahm sie mich auch mit in ihr Zuhause in Mary. Dort lernte ich ihre neun Geschwister kennen. Gemeinsam tranken wir Kamelmilch, lachten und sprachen über Gott. Denn wie die Kasachen so waren auch die Turkmenen unheimlich offen für Neues, auch für Glaubensdinge. Obwohl sie dem Namen nach Muslime waren, hatten sie sich durch die Jahre in der Sowjetunion von ihrem Glauben entfremdet.

Ich spürte: Es gab hier ein Vakuum und die Menschen waren auf der Suche nach etwas, an das sie sich halten konnten. Vielleicht auch deshalb waren sie seltsam abergläubisch und spirituell. Immer donnerstags kochten sie große Essen für die Familie, aber auch zu Ehren der Ahnen. Sie baten ihre Vorfahren um Heilung oder Fruchtbarkeit. Sie suchten Heiler auf, wenn sie krank waren.

Maja selbst hatte das als Kind erlebt: Sie litt damals unter chronischen Kopfschmerzen. Ein Heiler betete für sie und die Schmerzen verschwanden. Fortan trug sie ein Amulett, das der Mann ihr gegeben hatte. Doch sie bezahlte einen hohen Preis für die Heilung, denn fortan wurde sie ständig von Ängsten verfolgt. Sie wagte sich nicht mehr alleine im Dunkeln vor die Tür. Sie fürchtete sich vor Dämonen, schlief nicht allein in einem Zimmer, wie viele ihrer Landsleute auch. Ich denke, es gab da wirklich eine übernatürliche dunkle Kraft, die sie verfolgte.

Für uns im Westen ist es oft schwer, an Dinge zwischen Himmel und Erde zu glauben, die wir nicht erklären können. Besonders wenn es um böse Dinge geht. In anderen Ländern der Welt ist das ganz selbstverständlich. Diese Offenheit der Turkmenen für Gebet und Übernatürliches machte es mir leicht, über den christlichen Glauben ins Gespräch zu kommen. Einmal berichtete Maja mir davon, wie sie für ein Kamelkälbchen gebetet habe, das im Sterben lag. Und wie Gott – der Gott, über den ich oft mit ihr gesprochen hatte – sie erhört habe. Das Kälbchen überlebte. Leider ist Maja dennoch nie Christin geworden.

Turkmenisch brachte mir eine Hochschullehrerin bei, ihr Name war Altin. Sie lebte in einem traditionellen turkmenischen Lehmhaus. Im Laufe der Monate lernte ich ihre Familie kennen und es ergaben sich wunderbare Kontakte.

Wir sprachen auch über Gott und den Glauben und ich erinnere mich an diesen einen Tag, als Altins Großmutter mich zu sich bat. Sie lag im Sterben. In den Wochen und Monaten zuvor hatte ich diese wunderbare Frau besser kennenlernen dürfen. Sie war als junge verheiratete Frau mit etwa vierzehn Jahren gemeinsam mit ihrem Mann vor den Bolschewiken in den Iran geflohen, von dort aber nach wenigen Monaten nach Turkmenistan zurückgekehrt.

Am Tag ihres Sterbens ließ mich diese Frau zu sich rufen, um sich zu verabschieden, und sie ließ mich ihr noch einmal von Jesus erzählen. Ich bin mir sicher, ich werde sie im Himmel wiedersehen.

Wir blieben nicht ewig im Studentenwohnheim. Maya wollte ausziehen und fand eine Einzimmerwohnung. Gemeinsam mit Enedschan, einer Deutschstudentin, zogen wir ein. Wir teilten uns nicht nur diese vier Wände, sondern auch alles andere: unser Leben, unsere Kleidung, unser Essen. Einige Monate später wechselten wir in eine Zweizimmerwohnung – wohnten dort aber dann zu sechst.

So wurde Turkmenistan nach und nach zu meinem Zuhause. Einem von vielen im Laufe meines verrückten Lebens.

Die ersten zwei Jahre in Turkmenistan vergingen wie im Flug. Ich arbeitete unter Absprache mit meiner Missionsorganisation bei Atta, einer Nichtregierungsorganisation, die humanitäre Hilfsprojekte im Land organisierte. Die Mitarbeiter klärten die Bevölkerung über Krankheiten wie etwa Typhus auf. Dazu besuchten sie Schulen und hielten Vorträge. Zugleich erzählten sie den Menschen auf dem

Dorf vom Glauben. Ich arbeitete bei dieser NGO mit, während ich aber vor allen Dingen Turkmenisch lernte.

Denn ich sah, wie vor allem die Sprache einen Zugang zu den Menschen ermöglichte. Ich konnte direkt zu ihren Herzen sprechen. Die Turkmenen waren es nicht gewohnt, dass jemand sich die Mühe machte, ihre Sprache zu lernen. Ich war froh, ihnen Wertschätzung entgegenbringen zu können – mit einem Mittel, das mir viel Mühe abverlangte, aber mir andererseits auch gut von der Hand ging: Sprachen zu erlernen.

Und unerwartet gewann ich noch ein ganz und gar amerikanisches Herz für mich: In meinem dritten turkmenischen Jahr traf ich David. Aber ich will ehrlich sein: Ich fand den Mann, den ich drei Jahre später heiraten würde, erst einmal vor allem arrogant.

LIEBE OHNE GRENZEN

1995–1999

David: Liebe und Romantik waren so ziemlich die letzten Wünsche auf meiner Liste, als ich in Turkmenistan ankam. Ich wollte vielmehr sein wie Paulus: Mein Kopf und mein Herz sollten nur Gott allein gehören. Vom Apostel Paulus wissen wir, dass er keine Ehefrau hatte, er riet den Gläubigen sogar davon ab, da eine Liebesbeziehung sie womöglich von der Beschäftigung mit Christus abhalten könnte. Genau danach strebte ich und mit dieser Überzeugung ging ich nach Turkmenistan. Hier erwies sie sich als durchaus praktisch, denn wir arbeiteten mit so vielen jungen Missionaren auf engem Raum zusammen – Liebe hätte das Ganze wirklich verkompliziert. So ging alles seinen Weg und ich war zufrieden damit.

Ulrike begegnete mir immer wieder auf dem Gelände meiner Missionsorganisation. Jeder kannte sie. Nicht, weil sie eine Leiterin gewesen wäre oder besonders oft von sich aus das Wort ergriffen hätte. Nein, sie war einfach die beste Turkmenisch-Übersetzerin vor Ort. Ohne Ulrike lief nichts. Sie war immer dabei. So gut wie jeder christliche Leiter oder Lehrer, der in Turkmenistan ankam, nutzte Ulrikes Sprachkenntnisse. Vor allen Dingen übersetzte sie die medizinischen Lehreinheiten ihrer Organisation für die Landbevölkerung.

Doch sie wollte gerne auch vom Evangelium erzählen und meldete sich deshalb freiwillig als Mitarbeiterin für ein Gemeindegründungsprojekt im zwanzig Kilometer von Aschgabat entfernten Bezmein. Sie stürzte sich in diese Arbeit, war ganz begeistert von der Idee, die Turkmenen mit Gottes Geschichte zu erreichen. Und ich? Ich arbeitete im selben Projekt mit!

Heute kann ich sagen: Bevor Ulrike und ich jemals ahnten, dass wir unser Leben miteinander verbringen würden, erlebten wir schon die verrücktesten Abenteuer zusammen. Wir gründeten die besagte Kirche in einem alten Seniorenheim. Um uns herum hatten die Menschen noch nie vom Glauben an Jesus gehört. Und der KGB war uns weiterhin auf den Fersen. Er beobachtete jeden unserer Schritte. Es war, als hielte uns jeder in Bezmein für Spione. Vor allem mich als Amerikaner. Wir wurden zu jedem Zeitpunkt beobachtet.

Diejenigen aber, die aus Interesse in unsere Gottesdienste kamen, waren so unglaublich offen. Sie waren unbeschriebene Blätter in Sachen Religion. Wenn man ihnen erzählte, dass Jesus gestorben war, um die Welt zu retten, dann hörten sie mit offenen Mündern zu. Die Menschen begannen zu glauben und es war nicht einmal schwer, sie zu überzeugen. Es war eine aufregende Zeit für Ulrike, mich und die vielen anderen Missionare.

Ich erkannte nach und nach, dass Ulrike ein ganz besonderer Mensch war, auch wenn ich dabei überhaupt nicht an Liebe dachte. Es waren nicht nur ihre Sprachfähigkeiten, die mich beeindruckten. Ich fand heraus, dass sie sich eine kleine Wohnung mit vier anderen Frauen teilte. Sie lebte von sehr wenig Geld, Luft und der Liebe zu den Turkmenen. Ulrike und ich haben inzwischen viele Länder besucht, aber ich glaube, keinem Volk hat sie sich je so verbunden gefühlt wie diesem. Das war vermutlich auch der Grund dafür, dass viele ihr zuhörten, wenn sie von Gott sprach. Ihr offenes Herz und ihre guten Sprachkenntnisse machten sie zu einer erfolgreichen

Missionarin. Ich glaube übrigens nicht, dass sie damals ebenfalls so positiv über mich gedacht hat. Für sie war ich wohl eher der übermotivierte, laute Amerikaner. Ich verstehe gut, dass meine Art sie als pragmatische und eher ruhige Schwäbin völlig überfordert hat. Bis heute sind wir sehr unterschiedlich. Zeitweise half uns das als Missionarspaar und zeitweise forderte es uns heraus. Aber davon an anderer Stelle mehr.

Es war ein brüllend heißer Tag im Sommer des Jahres 1997. An diesem Tag änderte sich alles.

Mein Missionsteam kehrte gerade von einem Einsatz in Bezmein zurück. Ulrike war nicht dabei, dafür aber mein Freund Byong Soo. Seit ich in Turkmenistan war, arbeiteten wir eng zusammen. Wir beschlossen als Team, den Nachmittag an einem See zu verbringen, einerseits, um dort schwimmen zu gehen, aber auch, um mit dem ein oder anderen Einheimischen über Gott ins Gespräch zu kommen.

Bei der sengenden Hitze schwitzten wir und sehnten uns nach nichts mehr als einer Abkühlung. Die ganze Gruppe stürmte also ins Wasser. Auch Byong Soo. Wie viele Koreaner hatte er als Kind nicht schwimmen gelernt. Erst wenige Wochen zuvor, als Einundzwanzigjähriger also, hatte er einige Schwimmstunden in einem Hotelpool genommen. Dennoch schien ihm der See wenig gefährlich zu sein. Im Wasser am Ufer konnte man stehen. Was wir nicht wussten: Es handelte sich um eine künstliche Anlage, die einst zu Militärübungszwecken ausgehoben worden war. Ganz plötzlich fiel der Untergrund mehrere Meter ab. An der einen Stelle konnte man leicht den Boden berühren, einen Schritt weiter trat man ins Leere.

Wir planschten, spritzten uns nass, schwammen ein wenig, bis plötzlich einer von uns rief:»Wo ist Byong Soo?«

Wir suchten zuerst über Wasser. Und dann, als uns die Dramatik der Lage bewusst wurde, unter Wasser. Ich tauchte eine Stunde lang immer wieder in die Tiefen des Sees – bis ich meinen Freund fand. Das Schlimmste war geschehen: Byong Soo hatte die Tiefe des Wassers unterschätzt und war ertrunken.

Ich selbst brachte den nassen, schweren Körper meines toten Freundes ans Ufer. Es kostete mich alle Kraft. Doch schlimmer war der seelische Schmerz. Als Missionare rechnen wir auch heute damit, dass uns schlimme Dinge zustoßen können. Wir können wegen unseres Glaubens verfolgt und eingesperrt werden. Sogar Angriffe gibt es. Manche von uns werden umgebracht. Aber dass Byong Soo bei einem scheinbar spaßigen Ausflug ums Leben gekommen war, verstärkte die Traurigkeit irgendwie noch.

Die Nachricht von seinem Tod sprach sich schnell herum unter den Missionaren. Als wir den Körper meines Freundes einige Stunden später dem Bestatter übergaben, weinten unsere Freunde in Aschgabat bereits um Byong Soo.

Es gab so viel zu tun: Die Überführung organisieren, die Eltern informieren, trauern. In alldem hatte ich aber vor allem einen Gedanken und der überraschte mich selbst. Mitten im Schmerz wollte ich unbedingt zu Ulrike. Wir kannten uns nun seit zwei Jahren, waren Kollegen, hatten gemeinsam eine Kirche gegründet und Tag für Tag gemeinsam erlebt, wie sich unser Umfeld durch die Nähe zu Gott veränderte. Aber romantische Gefühle hatten mir bis dato völlig ferngelegen. Nun spürte ich plötzlich: Da war diese Anziehungskraft wie von einem Magneten. Verband uns vielleicht doch mehr, als ich gedacht hatte?

Ich begann, mich mit dem Gedanken auseinanderzusetzen. Wer war Ulrike tief im Innern? Und wie stand ich zu ihr?

Wenn junge Menschen im Westen heute jemand anderen besser kennenlernen wollen, dann verabreden sie sich einfach zu einem Date. Als Missionar in Turkmenistan liegen die Dinge anders. Wir alle kannten einander. Wir teilten unser Leben, Privatsphäre gab es so gut wie keine. Und in Aschgabat gab es derart wenige Restaurants und Cafés, dass es nicht möglich gewesen wäre, sich unbemerkt zu einer Verabredung zu treffen. Außerdem war mir absolut klar, dass eine Beziehung zu einer Missionarin, mit der ich zusammenarbeitete, keinesfalls scheitern durfte. Man stelle sich vor: Liebeskummer in Turkmenistan, Spaltung im Team, Tränen, Wut, Konflikte – niemand wollte so etwas, ich als Allerletzter.

Doch was kann man tun, wenn ein romantisches Kennenlernen bei Kerzenschein nicht möglich ist? Ganz einfach: Ich versuchte, Ulrike kennenzulernen, bevor ich sie das erste Mal zu einer Verabredung einlud. Wozu sonst kannte ich so viele Mitarbeiter und Freunde, mit denen Ulrike bereits zusammengearbeitet hatte? Wie gesagt, wir waren ein kleines Team, jeder wusste fast alles von jedem. Und so kam es, dass mir auch viele gute Freunde von Ulrike bekannt waren. Und zwar, ohne dass sie es überhaupt wusste.

Ich spielte in den folgenden Wochen also selbst ein wenig KGB. Immer, wenn sich die Gelegenheit bot, traf ich mich mit Ulrikes Weggefährten und fragte sie gnadenlos aus. Sogar in Kasachstan interviewte ich Menschen. Nach und nach ergab sich ein vollständiges Bild. Und das war umwerfend. Niemand von all jenen, die ich befragte, sagte etwas Schlechtes über Ulrike. Hochbegabt sei sie. Eine Missionarin mit ganzem Herzen und einer tiefen Liebe für fremde Kulturen. Demütig. Ein Teamplayer. Es kam keine einzige Schwäche zum Vorschein, sooft ich auch danach fragte.

Ich verbrachte die Zeit des Spätsommers bis in den Winter mit meinen Recherchen. Immer wieder dachte ich auch über das nach, was wir bereits gemeinsam erlebt hatten. Zusammen mit Ulrike hatte ich eine Kirche in einer fremden Kultur gegründet. Wir hatten so viele Menschen kennengelernt, so viele Schwierigkeiten gemeistert, sogar dem Tod gegenübergestanden. Wir hatten gemeinsam Menschen getauft und beerdigt. Heute rate ich den Leuten scherzhaft: Wenn du dir nicht sicher bist, ob du einen Menschen heiraten kannst, geh mit ihm in die Mission. Danach weißt du es.

Ich hatte Ulrike in den vergangenen zwei Jahren in jeder erdenklichen Lebenslage gesehen. Und nun, nach den vielen Gesprächen mit ihren Weggefährten, konnte ich sagen: *Ich kenne sie.* Und noch etwas war dazugekommen. Ich war verliebt. Einfach so. Sollte Paulus doch seinen Lebensstil behalten! Mir schwebte mittlerweile etwas anderes vor.

»Das OM-Team ist auf eine Geburtstagsfeier eingeladen, kommst du mit?« Unverfänglich stellte ich Ulrike im Januar 1998 diese Frage und sie sagte freudig zu.

Was sie nicht wusste: Die Geburtstagseinladung kam von einem mir bekannten turkmenischen Ehepaar. Sie hatten mir gesagt, sie würden gerne das ganze Missionsteam einladen, allerdings reiche der Platz nicht aus. Feiern in Turkmenistan sahen damals nämlich etwas anders aus als heute in westlichen Ländern. Es gab eine feste Sitzordnung am Tisch, jeder Gast bekam einen Platz zugewiesen. Für OM hatte dieses Paar nun zwei Plätze reserviert und ich war der Leiter des Teams. Also hatte ich meine Chance gewittert und Ulrike gefragt. Sie ahnte natürlich nicht, dass vom OM-Team nur wir beide da sein würden. Und ich sagte ihr nichts, ich hatte schließlich einen Plan.

Sie schaute allerdings etwas merkwürdig, als ich sie an diesem Abend abholte. »Wo sind denn alle?«, fragte sie.

Nun kam ich nicht umhin, ihr zu erklären, dass es nur zwei Plätze gab und sie die Einzige war, die außer mir dabei sein würde. Ulrike ließ sich nichts anmerken. Lediglich die Mutter des Geburtstagskindes verstand sofort, was da lief, als sie uns zusammen sah. Aber wie sagt man? Im Krieg und in der Liebe ist alles erlaubt – nicht wahr? Und mein Trick zahlte sich aus: Wir hatten einen wunderbaren Abend, genossen das turkmenische Essen, lachten und redeten miteinander – fast so wie bei einem Date, nur dass einer von uns nicht wusste, dass es sich um eines handelte. Und dass dort noch achtzehn andere Personen am Tisch saßen.

Beseelt von dem schönen Abend und etwas überdreht saß ich schließlich mit Ulrike im Auto nach Hause. Ich freute mich über die gute Gemeinschaft und sah uns schon gemeinsam eine Familie gründen. Doch eines trieb mich noch um. Es gab eine Frage, die ich in all den Monaten der Nachforschungen über Ulrike nicht hatte herausfinden können: Wollte sie Kinder? Für mich stand fest, dass ich, wenn ich heiratete, auch eine Familie gründen wollte. So verliebt ich auch war, ich wusste, wenn Ulrike keine Kinder wollen würde, dann könnte das mit uns nicht funktionieren. Was sollte ich also tun? Amerikanisch, direkt, kurz angebunden und motiviert wie ich war, entschied ich mich für den simpelsten Weg. Ich fragte sie einfach.

»Ulrike, kannst du dir vorstellen, Mutter zu werden?«

Ich kann mich wirklich noch sehr gut an ihr Gesicht nach dieser Frage erinnern. Ihre Augen sagten sehr viele Dinge zugleich: *Was will er denn nun? Warum bin ich hier? Ich will weg! Hilfe!*

Aber sie sagte nur eines: »Ja, schon ...«

Und da brach alles aus mir heraus. Ich gestand ihr meine Liebe, sagte ihr, dass ich mir vorstellen könnte, zu heiraten, eine Familie zu gründen, dass wir zusammengehörten und uns so gut ergänzten. Ich hörte gar nicht mehr auf zu reden, monatelang hatte ich all das für mich behalten und nun wollte es raus.

Ulrike sagte nicht viel zu alldem. Ich erinnere mich nur daran, wie sie das Auto recht schnell verließ, als wir bei ihrem Zuhause ankamen.

Ulrike: Weg, weg, weg.

Ich wollte einfach nur weg. Raus aus diesem Auto. Abstand schaffen zwischen mir und diesem verrückten Amerikaner, von dem ich geglaubt hatte, ich würde ihn nach all den Monaten gut kennen.

Getroffen hatte ich ihn, nachdem ich bereits seit zwei Jahren in Turkmenistan gewesen war. Ich erinnere mich gut daran. Wir saßen im Wohnzimmer von Freunden. Alle ausländischen Missionare wohnten in Aschgabat. Wir sahen uns zu zig Gelegenheiten: bei der Arbeit, bei den Gottesdiensten, in der Freizeit.

Eines Abends kam ich in das Haus des Ehepaars Hubbard, zwei ältere Amerikaner. Sie hatten zu einem Treffen eingeladen und da saß David. Er war erst seit einigen Wochen im Land und ich erinnere mich noch gut, wie er einfach die ganze Zeit redete. Er sprach von seinen großen Träumen, was er alles in Turkmenistan erreichen wollte, dass er allen Menschen in Aschgabat von Jesus erzählen wollte, Gemeinden gründen und so viel mehr.

Ich saß ihm gegenüber und alles, was ich denken konnte, war: *Der soll erst einmal hier ankommen und den Mund nicht so weit aufmachen.* David erschien mir mit seiner positiven und offenen, irgendwie übermotivierten Art einfach nur arrogant. Es gelang mir damals noch nicht, das Gute in seinem Elan zu sehen.

Bis heute ist es so, dass David in unserer Beziehung der Macher ist. David ist immer schon losgelaufen, wenn ich noch dasitze und mir Gedanken darüber mache, ob denn alles gut gehen wird. So sind wir. So waren wir auch damals schon. Nur, dass diese Unterschiedlichkeit mich dort in Turkmenistan abschreckte.

Andererseits fand ich diesen lauten Amerikaner trotzdem attraktiv. Er war groß, dunkelhaarig, weltgewandt und konnte sich gut ausdrücken. Ein Funke der Liebe, die wir später finden sollten, war vielleicht schon da, ganz tief in mir drin. Aber bis diese sich wirklich entwickeln konnte, sollten noch Jahre vergehen.

Wie David war ich immer davon ausgegangen, ledig zu bleiben, auch wenn das gar nicht meine Wunschvorstellung war. Kurze Zeit nach der ersten Begegnung mit David ging meine Mitbewohnerin Susanne nach Deutschland, um zu heiraten. Ich war eifersüchtig und ließ das hier und da an ihr aus. Ich war traurig darüber, dass ich im Gegensatz zu ihr offenbar dazu bestimmt war, allein zu bleiben.

Als ich David kurze Zeit später wiedersah und fortan regelmäßig mit ihm arbeitete, hatte ich mich mit dem Ledigsein bereits abgefunden und dachte nicht im Traum daran, dass ich mich ausgerechnet in David verlieben könnte. Neben den charakterlichen Unterschieden war David auch noch sechs Jahre jünger als ich und kam in meinen Augen deshalb ohnehin nicht als Partner infrage. Ich übersah ihn einfach, obwohl er all die Monate immer so dicht vor meiner Nase war.

Wir gründeten gemeinsam die Kirche in Bezmein und lernten uns besser kennen. Ich erlebte, dass mehr in David steckte als die übermotivierten Worte eines Neulings im turkmenischen Missionarsleben. Er setzte die Dinge, von denen er großspurig sprach, tatsächlich um. Wir erlebten den schrecklichen Tod unseres Freundes Byong Soo und trösteten uns gegenseitig. Wurden Freunde. Wir lachten und trauerten gemeinsam, steckten all unsere Liebe in dieses Volk der Turkmenen.

Im Grunde teilten wir alles. Und doch hatte ich niemals auch nur den Funken einer Idee, dass ich für David mehr sein könnte als eine Kollegin und Vertraute. Niemals bis zu diesem einen Abend. Bis zu der Geburtstagsfeier, die nur wir beide besuchten.

Als niemand außer mir und David erschien, war ich verwirrt. Richtig in Panik geriet ich jedoch, als David mich fragte, ob ich Kinder wolle, und mir seine Liebe gestand. So etwas hatte ich noch nie erlebt! Obwohl ich bereits vierunddreißig Jahre alt war, hatte ich keine Erfahrung in Liebesdingen. Und dann überfiel David mich auch noch derart.

Ich saß auf der Rückbank des Wagens, nur wenige Zentimeter trennten mich und David. Als er endlich fertig war mit seinem Geständnis und seinen Erklärungen, der Schilderung seiner Zukunftspläne und seiner Bewunderung für mich, da hatte ich nur eine Antwort für ihn: Schweigen.

Als wir zu Hause ankamen, verließ ich übereilt das Auto, machte mich bettfertig, legte mich hin – und tat die ganze Nacht kein Auge zu.

Am nächsten Morgen stand ich mit Augenringen und grübelnd in unserer Küche. Ich war kurz davor, das Erlebte für einen verrückten Traum zu halten, als meine Mitbewohnerin Nartäch auf mich zukam. Sie war Turkmenin, gerade zum christlichen Glauben gekommen und kurzerhand bei mir eingezogen.

Nartäch war ganz aufgeregt. Sie hatte mich an diesem Morgen gesucht und wollte mir unbedingt etwas erzählen. Ich dagegen hatte nach diesem verrückten Abend wenig Lust auf ein Gespräch, tat ihr aber den Gefallen und hörte ihr zu. Was sie aber dann erzählte, machte alles noch schlimmer für mich. Denn Nartäch eröffnete mir, dass sie in der Nacht einen Traum gehabt habe. Von mir und David! Sie hatte uns beide vor dem Traualtar stehen sehen.

Ich konnte nur eines denken: *O nein!*

Alles schien kopfzustehen. Ich hatte immer gedacht, ich würde mein Leben allein verbringen, hatte mich zugleich nach einer Beziehung gesehnt, aber mich mit den Jahren damit abgefunden, dass Gott das wohl nicht für mich vorgesehen hatte. Aber offenbar war die Sache mit David doch mehr als ein seltsamer Traum gewesen. Langsam dämmerte mir, dass dieser Mann vielleicht Teil von Gottes Plan für mein Leben sein könnte. In meinem Kopf und meinem Herzen war das Chaos ausgebrochen. Eines aber war mir klar: Wenn David wirklich meine Bestimmung war, dann würde ich nicht davonlaufen. Ich würde diesen Plan Gottes annehmen. Ob es aber wirklich seiner war, würde sich aber erst noch zeigen müssen.

Eine Woche lang hörte ich nichts von David, was nicht gerade dazu beitrug, dass ich mich in der ganzen Situation sicherer fühlte. Doch dann kam der Valentinstag und David rief mich an und lud mich zum Essen ein. Wir trafen uns im Hotel *Aschgabat*. Das Restaurant war schick, wesentlich nobler, als wir Missionare es gewohnt waren.

David hatte es wohl auch deshalb ausgesucht, weil er sicher sein konnte, dort keine Kollegen zu treffen. Wir waren unter uns. Der Raum entsprach dem, was man als Sowjetromantik bezeichnen könnte. Hohe alte Decken. Sichtbeton. Alles war kantig und wenig verschnörkelt. Schlicht, das Gegenteil von prunkvoll und doch gehoben. Turkmenistan besitzt keine Ausgehkultur. Wer sich trifft, trifft sich zu Hause. Was für uns damals ein Palast war, war nüchtern betrachtet wohl eher ein mittelmäßiger Hotelbau, ein Betonklotz mit einem etwas aufwendigeren Brunnen davor, wie er genauso auch in Ostberlin hätte stehen können. Ich weiß nicht einmal mehr, ob Kerzen auf den Tischen brannten oder irgendwo Blumen arrangiert waren. Aber darum ging es an diesem Abend auch nicht. Denn hier geschah etwas ebenso Wundervolles wie seltsam Überwältigendes: Eine Woche nachdem David mir seine Liebe gestanden und mir gesagt hatte, dass er sein Leben mit mir verbringen wollte, trafen wir uns zu unserem ersten Date.

Obwohl wir uns schon über Jahre kannten, lernte ich diesen Mann plötzlich neu schätzen. Wir unterhielten uns den ganzen Abend. Obwohl wir Kollegen waren, sprachen wir nicht ein einziges Mal über die Arbeit. Stattdessen erzählte ich von meiner Familie. Meinem Zuhause in Öschelbronn und dem einst so schwierigen Verhältnis zu meiner Mutter. Ich sprach über meine Geschwister. Meine Arbeit als Krankenschwester. Den weiten Weg, der mich nach Turkmenistan geführt hatte. Und David wiederum gab sich die größte Mühe, damit ich mich umworben und geliebt fühlte. Er bestellte Essen für mich. Er fragte mich nach den Dingen, die mich bewegten. Er gab mir in jedem Moment unseres Zusammenseins das Gefühl, dass er sich absolut sicher damit war, sein Leben mit mir verbringen zu wollen. Für mich – das Mädchen mit dem geringen Selbstbewusstsein, das sich oft wertlos und ungeliebt gefühlt hatte – war das wie ein Wunder.

David war der erste Mann in meinem Leben. Ich kannte dieses schmeichelnde, herzerwärmende Gefühl einer aufkeimenden Liebe nicht. Alles war neu – aber es begann, mir zu gefallen.

Die kommenden Wochen verbrachte ich damit, einige vertrauenswürdigen Person in meinem Umfeld, vor allem aber meine Missionsorganisation, über David und mich zu informieren und mir Rat zu holen. Erstaunlicherweise hatte keiner der lieben Freunde, mit denen ich sprach, auch nur den Hauch eines Zweifels daran, dass David und ich zusammenpassten. Ich fastete. Ich betete. Ich sprach mit Gott. Am Ende war mir klar, dass ich David nur eine Antwort geben konnte: Ja.

Gab es einen bestimmten Moment, in dem ich mich verliebt habe? Nein. Ich liebe David. Ich liebte ihn damals. Je mehr wir uns ganz privat kennenlernten, desto mehr Freude hatte ich an unserem Miteinander. Aber es gab nicht diesen einen Moment, wie es im Film gelegentlich dargestellt wird, in dem es *Peng* machte und sich alles rosarot färbte.

Aber das macht nichts: David ist ein toller Mann und mein Gegenstück. Wo ich die Dinge oft kritisch sehe, ist er der Optimist, der immer vorangeht. Was ich damals, in jenem Wohnzimmer, wo wir uns kennenlernten, so kritisch sah, entpuppte sich als seine Stärke. Eine Stärke, die uns in all den Jahren in der Türkei noch weiterhelfen sollte und ohne die wir alles, was wir noch erlebten, nicht hätten durchstehen können.

David ist und war mein Ausgleich für alle Selbstkritik. Für das Echo der Worte meiner Mutter in meinem Kopf, die ich bis heute höre: »Man muss sich schämen für dich.« David schämte sich nicht. Im Gegenteil. Er liebte mich so bedingungslos und mit allem, was er hatte. Er war sich sicher, dass er mich wollte. Er ließ mich nicht los, egal, wie unsicher ich mich fühlte.

Das war wie eine Befreiung für mich. Nicht ich musste die Dinge in die Hand nehmen. Nicht ich musste alles allein durchdenken und durchkämpfen. Da war plötzlich jemand, der mich ergänzte. Zwei Leben wuchsen – langsam und behutsam – zu einem zusammen. Und ebenso langsam erlaubte ich mir, mein Herz zu öffnen.

David: Nachdem Ulrike unseren Wagen so überstürzt verlassen hatte, entschied ich mich, ihr die Zeit zu geben, die sie brauchte. Obwohl ich es gerne getan hätte, meldete ich mich eine Woche lang nicht. Erst dann lud ich sie zu unserem ersten Date ein.

Am Valentinstag gingen wir gemeinsam essen und ich spürte, wie sich etwas in ihr verändert hatte. Sie war offener für das, was kommen könnte. Ich weiß heute, dass Ulrike darauf gewartet hat, dass Gott ihr unsere Beziehung bestätigte. Bevor das nicht geschehen war, konnte sie sich auf keine Liebesgeschichte einlassen. Es war sicherlich vor allem der Traum ihrer Mitbewohnerin, der bei Ulrike die Tür für mich öffnete. Doch nur einen Spalt breit.

Wir trafen uns eine Woche später ein zweites Mal. Danach fastete und betete sie mehrere Tage lang, besuchte Freunde in Kasachstan. Sie hörte nicht auf, bis sie Klarheit hatte. Elf Wochen nach unserem ersten Date holte ich sie am Busbahnhof in Almaty ab. Ich hatte Blumen mitgebracht und fragte ganz aufgeregt und ungeduldig: »Was hat Gott gesagt?«

Ulrike antwortete: »Ja.«

Ein kleines Lächeln umspielte ihre Lippen. Die Sache war klar. Und doch wollte ich es mir nicht nehmen lassen, die Frage der Fragen ordentlich zu stellen.

Ich begann auf Deutsch: »Willst du meine Frau werden?«
»Ja«, sagte Ulrike.
Ich fragte sie noch einmal auf Englisch. Dann auf Russisch. Und schließlich auf Turkmenisch. Ulrike antwortete in all diesen Sprachen. Die Worte waren unterschiedlich, aber der Inhalt blieb gleich. Noch am selben Tag kauften wir einen Ring und verlobten uns. Am kommenden Sonntag gingen wir gemeinsam in den internationalen Gottesdienst in Aschgabat. Wir betraten die Kirche Hand in Hand. Alle Blicke waren auf uns gerichtet. Als wir am Ende aufstanden und erklärte, dass wir heiraten würden, applaudierte der ganze Raum. Ich fühlte mich wie im Himmel.

Unsere Liebesgeschichte ist nicht wie jede andere. Wir sind uns nicht so begegnet, wie Männer und Frauen das in romantischen Filmen tun. Es war keine Liebe auf den ersten Blick. Wir haben alles sehr genau durchdacht und geplant. Wir haben uns zum ersten Mal geküsst, als schon klar war, dass wir heiraten würden. Das mag manchen komisch erscheinen. Aber die Umstände ließen nichts anderes zu und ich bin mir sicher, dass jeder andere Weg Ulrike überfordert hätte. Unsere Liebe baut auf Vertrautheit und den Segen Gottes. Nicht auf einer rosaroten Brille und stürmischen Küssen. Der Weg hat sich für uns gelohnt: Wir lieben uns bis heute und haben fünf Kinder in diese Welt gesetzt: Johannes, Rebecca, Esther, Amy und Daniel.

Ulrike: *Hiermit sage ich Ja zu diesem Vorschlag, meine Tochter Ulrike zu heiraten.*

So lautete die Antwort meines Vaters auf einen Brief, den David ihm wenige Wochen zuvor geschickt hatte. Damit war in seinen Augen alles gesagt.

Ich hatte mir viele Gedanken gemacht, wie ich meinen Eltern die Geschichte mit David beibringen sollte. Meine Mutter rechnete schon längst nicht mehr damit, dass ich mit einem Ring am Finger zurück nach Hause kommen würde. David wusste um diese Situation und tat noch vor der Hochzeit sein Bestes, um die Lage zu entspannen. Dazu gehörte eben auch, bei meinem Vater ganz förmlich um meine Hand anzuhalten. Da wir noch in Turkmenistan waren, hatte er ihm einen Brief geschrieben, den eine Freundin ins Deutsche übersetzt hatte. David hatte sich damit viel Mühe gegeben, er war freundlich und höflich, erklärte, wie er sich unsere Zukunft vorstellte, und hielt mit nichts hinter dem Berg.

Als der Brief meines Vaters kam, las David ihn und freute sich über die einfachen und zustimmenden Worte. Vor allen Dingen aber schmunzelten wir gemeinsam über die knappe Antwort meines Vaters. David wusste nun, woran er war: Er würde Teil einer schwäbischen Bauernfamilie werden, die wenig Worte machte und lieber mit den Händen anpackte. Ab diesem Moment konnte ihn nichts mehr überraschen.

Mir selbst graute ein wenig davor, wenn seine quirlige Mutter am Hochzeitstag zum ersten Mal auf meine abgeklärte Familie treffen würde. Aber nur wenige Wochen später zeigte sich: Das ging alles erstaunlich gut! Davids Mutter gewann meine Mutter mit ihrem Charme und ihrem offenen Herzen. Sie ging einfach auf meine Eltern zu und nahm sie in den Arm. Obwohl sie kein Wort Deutsch sprach oder verstand, redete sie und hörte zu, wenn meine Eltern redeten. Es war ein verrücktes Bild, wie sie da mit Händen und Füßen Stück für Stück zueinanderfanden, aber zugleich wunderschön. Meine Eltern schafften es, diese körperliche und geistige

Umarmung aus Amerika zu akzeptieren, es schien sogar so, als könnten sie sich ein wenig darüber freuen.

Das war am Tag unserer Hochzeit, dem 18. Juli 1998.

Ganz traditionell hatten wir uns dazu entschieden, in der Heimat der Braut zu heiraten, also in Deutschland. Ich war zurück in Öschelbronn, wo alles angefangen hatte. Ich war zurück an dem Ort meiner Kindheit, an dem Ort, der mich gelehrt hatte, zu vergeben und zu verstehen. Nun sollte hier etwas ganz Neues beginnen. Die Kirche war im Jahr 1100 erbaut worden. Für uns Deutsche sind altertümliche Bauwerke etwas ganz Normales. Für mich stand die Kirche für Normalität, Kindheit, Erinnerung und Tradition. David hingegen kam aus dem Staunen gar nicht mehr heraus. Da war er wieder, sein überbordender Enthusiasmus. Nur schaute ich jetzt mit liebenden Augen auf diesen Charakterzug.

David holte mich zu Hause ab und dann liefen wir in unseren schicken Klamotten von meinem Elternhaus zur Kirche. In Öschelbronn nennt man das einen Hochzeitszug. Begleitet wurden wir von unseren Eltern, den Gästen und dem Pastor. Im Gefolge hatten wir Bekannte aus der ganzen Welt und aus unseren bisherigen Lebensstationen: Afrika, Turkmenistan, USA, Kasachstan. Aber auch meine Krankenschwesternkolleginnen von früher liefen mit uns sowie Schwestern aus Adelshofen.

Dieser Tag ist mir in bunten Bildern in Erinnerung geblieben: Die Blumenranken, die wir nach dem Gottesdienst als Ehepaar durchschreiten, gebastelt von Krankenschwestern aus Pforzheim. Die Berge an Geschenken. David und ich, wie wir bei den Sketchen unserer Gäste über uns selbst lachen und bei den Dutzenden Spielen grübeln. Die vielen Umarmungen, Küsse und Glückwünsche.

Nach der Feier brachen wir zu einer wunderbaren Hochzeitsreise in die Schweiz und nach Italien auf. Gut, dass wir die gemeinsame Zeit so genießen konnten, denn viel Zweisamkeit sollte uns nicht bleiben. Nur knapp neun Monate nach der Hochzeit kam unser erster Sohn Johannes auf die Welt.

David: Sechs Monate nach meinem Liebesgeständnis im Auto heirateten wir. In die Kirche in Öschelbronn kamen 250 Freunde und Familienmitglieder. Wir feierten bis spät in die Nacht. Einige Wochen später fand Ulrike heraus, dass sie schwanger war. Unser Sohn Johannes war auf dem Weg. Wir verloren keine Zeit. Da warteten noch so viele Abenteuer auf uns – allerdings nicht in Turkmenistan.

Noch während wir kurz nach unserer Hochzeitsreise unsere Rückkehr planten, hörten wir davon, dass Missionare zunehmend aus Turkmenistan ausgewiesen wurden. Der frühere Vorsitzende der Kommunistischen Partei, Saparmyrat Nyýazow, führte den Staat auch nach dem Fall der Mauer in Deutschland und bis zu seinem Tod im Dezember 2006 weiter. Turkmenistan war weit von einer Demokratie entfernt, Oppositionsparteien wurden von Wahlen ausgeschlossen und Kritiker des Staates mit Hilfe des Militärs unterdrückt. Mit den Jahren war Nyýazow der westliche Einfluss im Land zu stark geworden. Denn es waren mehr und mehr Firmen nach Turkmenistan immigriert und die Bevölkerung schien sich zunehmend marktwirtschaftlich zu orientieren. Das gefiel den Machthabenden nicht und so wurde es immer schwerer, als Europäer oder Amerikaner oder sogar als türkischer Geschäftsmann im Land zu bleiben. Viele unserer Freunde waren bereits dazu gezwungen worden, Turkmenistan zu verlassen, weil ihre Visa nicht verlängert wurden.

Uns schwante, dass eine Rückkehr auch für uns unwahrscheinlich sein könnte. Jahre später fanden wir heraus, dass wir zu diesem Zeitpunkt wahrscheinlich schon auf einer schwarzen Liste des KGB standen. Man hätte uns vermutlich niemals langfristig zurück ins Land gelassen. Wir verbrachten die Monate rund um die Geburt unseres ersten Sohnes also damit, über Alternativen nachzudenken. Denn in die Mission wollten wir auf jeden Fall zurückkehren. Nur wohin?

Uns sprang die Türkei ins Auge. Ulrike sprach bereits Turkmenisch, das ist dem Türkischen sehr nah. Die Türkei war in diesen Jahren recht offen für Ausländer. Wir wussten: Dort hätten wir es leichter als zum Beispiel in Afghanistan, wo die Taliban schon damals großen Druck auf Ausländer und vor allem auf christliche Missionare ausübten. Unsere offene Art hätte uns dort wahrscheinlich schnell große Schwierigkeiten eingebracht. Nach und nach kristallisierte sich heraus: Die Türkei würde unser nächstes Ziel werden.

Als verliebtes Paar hatten wir Turkmenistan verlassen und als Familie mit einem Säugling würden wir nach Istanbul reisen. Wir hatten keinen Zweifel daran, dass das unsere Berufung war. Doch mitten in den Vorbereitungen auf unser Baby und unser neues Leben erschütterte ein Schicksalsschlag unser Glück.

Ulrike: Plötzlich war ich Mutter.

Nach Jahren des Allein-Kämpfens und -Erlebens war ich nicht nur verheiratet, sondern trug nun auch die Verantwortung für einen kleinen Menschen, der mich Tag und Nacht brauchte, nur durch mich leben konnte, mich ganz für sich einnahm. Johannes war im Frühjahr 1999 in einem Krankenhaus im baden-württembergischen Herrenberg zur Welt gekommen und ich liebte dieses perfekte kleine Wesen. Seine weiche Haut, die kleinen Hände und Finger, Füße und Zehen. Alles an Johannes war bewundernswert und wundersam.

Doch insgesamt war in mir eine große Verwirrung. Zum einen war da so viel Liebe in meinem Herzen. Doch gleichzeitig waren so viele Fragen in mir. Und Wut. In meinem Kopf herrschte ein einziges Chaos. Denn nur zwei Wochen zuvor hatte ich mit dickem Babybauch am Grab meines jüngeren Bruders Hans-Martin gestanden. Für mich war an diesem Tag alles schwarz. Voll Trauer. Nacht in meinem Herzen, das sich eigentlich auf die Ankunft eines neuen Lebens vorbereiten sollte und vor Freude hätte springen müssen. Nun war es taub, überfordert vom Schmerz, der so unvermittelt gekommen war.

David und ich hatten uns noch in Deutschland aufgehalten, als das Unglück geschehen war. Vor der Geburt hatten wir nicht nach Turkmenistan zurückkehren wollen, es war klar gewesen, dass Johannes in einem deutschen Krankenhaus auf die Welt kommen sollte. Und so war ich mittendrin, als das Unglück meine Familie traf.

Wir waren vorübergehend bei meinen Eltern untergekommen, es war ein ganz normaler Abend in Öschelbronn. Hans-Martin war zum Fußballspielen gegangen, wie er es oft tat. Lediglich in den letzten Wochen hatte er pausiert, weil er aufgrund einer mittelschweren Grippe das Bett hüten musste. Doch nach und nach war er auf die Beine gekommen und so dachte sich niemand etwas dabei, als er, offensichtlich gesund, zu seinem Hobby aufbrach. Der Dorfverein war seine Leidenschaft.

Eine Stunde später klingelte das Telefon. Meine Mutter nahm den Hörer ab und ich sah, wie ihre Augen sich weiteten, während sie zugleich genau auf die Worte hörte, die am anderen Ende gesprochen wurden. Nur einige Sekunden später legte sie auf.

»Wir müssen zum Fußballfeld, irgendetwas Schlimmes ist geschehen!«, sagte sie kurz und warf sich schon die Jacke über.

Als wir wenige Minuten später dort ankamen, sahen wir schon eine Traube Menschen auf dem Platz stehen, manche von ihnen hatten die Hände vors Gesicht geschlagen, anderen stand der Schock ins Gesicht geschrieben. Als wir näher kamen, setzten sich die Puzzleteile langsam zusammen: Dort am Rand des Spielfeldes lag mein Bruder. Leblos. Ein Arzt und Sanitäter waren an ihm zugange, offenbar hatten sie versucht, ihn wiederzubeleben, das erkannte ich als Krankenschwester sofort. Doch Hans-Martin bewegte sich nicht. Er würde nie wieder auf diesem Feld spielen. Nie wieder aufstehen. Nie wieder atmen.

Wir fanden im Laufe der Tage danach heraus, dass die Grippe bei ihm eine Herzmuskelentzündung ausgelöst hatte. Zwar hatte er sich besser gefühlt, doch sein Herz war krank gewesen. Die Ärzte sagten uns, dass sein Tod nichts mit dem Fußballspiel zu tun hatte. Wäre es nicht dort auf dem Platz passiert, wäre es woanders geschehen. Wir hätten nichts tun können, um das zu verhindern. Er selbst hätte nichts tun können. Aber es gab da doch einen, der alles tun konnte, oder?

Die Tage darauf stand ich unter Schock, ich kann mich kaum daran erinnern. Aber ich weiß noch, wie ich Gott immer wieder sagte: »Wenn du mich jetzt nicht festhältst, dann werde ich vor dir weglaufen.«

Ich konnte mich seelisch nicht mit dem Tod meines Bruders auseinandersetzen, weil ich mich auf eine Geburt vorbereitete. Gleichzeitig konnte ich mich nicht auf die anstehende Geburt einlassen, weil ich eigentlich hätte trauern müssen. So entlud sich mein Herzenschaos in Wut auf Gott. Anstatt die Ereignisse zu verarbeiten, war ich ärgerlich. Ärger war einfacher als Trauer.

Zwei Wochen nach dem Tod von Hans-Martin bekam ich Schmerzen im Unterbauch, aber ich bemerkte sie kaum und identifizierte sie vor allem nicht als Wehen. Bei einer Kontrolluntersuchung schickte mich mein Arzt umgehend in Krankenhaus. Ich war bereits mitten in der Geburt!

Und dann hielt ich dieses Baby im Arm. Ein Geschenk Gottes. Doch zugleich hatte Gott mir so viel genommen. Meinen Bruder und die Chance, in Ruhe zu trauern. Und auch meine geliebten Turkmenen. Denn mit den Wochen und Monaten hatte sich gezeigt, dass es für uns keinen Weg zurück nach Turkmenistan geben würde. Ich verlor in diesen Tagen nicht nur meinen Bruder, sondern auch mein Zuhause der letzten Jahre.

Nur sechs Wochen nach der Geburt brachen wir an den Bosporus auf. Ich wusste, es war Zeit für uns zu gehen, schließlich hatten wir in Öschelbronn keine Wohnung und mussten uns als Familie finden. Es war ein guter und wichtiger Moment für einen Neuanfang. Angst um Johannes hatte ich nicht, denn wir hatten geplant, die Kontrolluntersuchungen in Deutschland zu machen, die Türkei war nur wenige Flugstunden entfernt. Das gab mir Sicherheit. Wir waren nicht im Nirgendwo und gingen in ein entwickeltes Land.

Doch bereits in den ersten Tagen in der Türkei fiel mir auf, was mich die kommenden Jahre weiter belasten sollte: Dort war alles anders als in Turkmenistan. Heute weiß ich: Es sollte ein ganzes Jahrzehnt brauchen, bis ich mich dort zurechtfinden würde. Mir lag weder das Temperament der Türken noch deren Lebensart. Die Bauersfrau in mir hatte die Einfachheit der Turkmenen geliebt und war genervt von dem Lärm und der gehobenen Bürgerlichkeit in Istanbul.

So kam ich mit Wut im Bauch, Chaos im Kopf und Trauer im Herzen in dem Land an, das unser Leben wie kein anderes zuvor und danach prägen, verändern, herausfordern und bereichern würde: Die Türkei.

FUSS FASSEN
IN DER TÜRKEI

1999–2005

Ulrike: Das war nun unsere neue Heimat. Istanbul. Auf den ersten Blick Europa pur. Eine Megacity, viele Stadtteile völlig säkular. Frauen in Minikleidern Hand in Hand mit ihren verhüllten Freundinnen, Gewusel in den Straßen, Shopping, laute Musik. Kurz: alles das, was ich nicht wollte.

Als Missionarin in Turkmenistan hatte ich das einfache Leben genossen. Die Stadt als Lebensort war mir von jeher fremd gewesen. Die Häuserschluchten, die Autos, Abgase und der Lärm erschienen mir grausam. Man konnte in Istanbul zwei Stunden Auto fahren und hatte die Stadtgrenze noch immer nicht erreicht. Das Straßennetz war wie ein Labyrinth.

Aber das war nur die eine Seite. David, Johannes und ich zogen mit unseren zwei Koffern und nichts anderem in den Stadtteil Harem, wo wir eine Wohnung befreundeter Missionare übernehmen konnten. Harem faszinierte und beruhigte mich trotz all des Neuen, trotz der behelfsmäßigen Wohnung ohne kindgerechtes Mobiliar – ja, Johannes schlief am Anfang wirklich in einem Koffer –, trotz der noch fremden Sprache und der lauten Menschen.

Ich war fort von dem Schmerz und dem Chaos zu Hause. Ich musste mich nicht länger meiner trauernden Mutter verpflichtet fühlen und war ganz für mich und vor allem mein Baby da. Ich atmete auf.

Es gab hier nicht viel für uns: Ein Bett. Einen Kleiderschrank. Eine kleine Küche. Gerade das, was wir zum Leben brauchten. Und vor allem war da dieser Garten. Eine kleine Oase mitten in der Stadt. Eine bunte Hängematte schaukelte im lauen Wind. Ich lag oft mit Johannes darin, genoss die Nähe und die Ruhe in der leichten Brise, die vom Marmarameer herüberwehte. David hatte in diesen ersten Tagen noch nicht viel zu tun und so verbrachten wir alle Zeit gemeinsam. Langsam und behutsam begannen wir damit, als Familie zusammenzuwachsen. Wenn ich heute zurückdenke, dann war Harem gnädig zu mir. Ich durfte dort ankommen, bevor die Türkei mich überwältigen würde.

Im Gegensatz zu weiten Teilen der türkischen Hauptstadt zur damaligen Zeit war unser Viertel traditionell muslimisch geprägt. Nicht selten sah ich in den kommenden Wochen Frauen, die nicht nur ihr Haar bedeckten, sondern auch schwarze Umhänge trugen, um sich zu verhüllen. Manchmal waren auch Teile des Gesichts bedeckt. Moscheen und Muezzinrufe waren allgegenwärtig. Den Islam kannte ich bereits aus Turkmenistan, dort war er allerdings nach Jahren der Unterdrückung durch die Sowjets gerade erst wieder am Aufkeimen. In Istanbul hingegen gehörte er, egal ob in Harem oder den anderen weniger religiös anmutenden Stadtteilen, zum kulturellen Erbe. Trotz der durch Kemal Atatürk angetriebenen Säkularisierung, auf die die Türken bis heute stolz sind, war der Islam nie fort gewesen. Er gehörte zum Leben der Menschen dazu wie das Atmen. Er war selten getragen von echter Überzeugung, eher eine Selbstverständlichkeit. So, wie uns der Sauerstoff in der Luft selbstverständlich ist.

Doch da war noch mehr. Die Türkei, so lernte ich mit den Jahren, ist durchzogen von Aberglauben und Ritualen. Sie pulsieren in den Adern der Städte und Dörfer. Die Menschen glauben etwa an den bösen Blick. Wenn jemandem ein Unglück widerfährt, ein Unfall auf dem Weg zur Arbeit, ein Schnitt in den Finger, eine Verbrennung durch heißen Kaffee, dann ist für viele Türken klar: Der Verletzte muss irgendetwas tun, um diesem Fluch zu entkommen. Einen Talisman anlegen zum Beispiel. Bis heute hängen blau-weiße Perlen an den meisten türkischen Haustüren, das sogenannte *Nazar Boncuk*. Dieses Nazar-Amulett soll vor bösen Geistern schützen. Bei Kaffeegesellschaften, zu denen sich die Frauen zu meiner Zeit regelmäßig trafen, war es ganz selbstverständlich, die geleerte Tasse umzudrehen und aus dem Kaffeesatz die Zukunft zu lesen. Selbst in öffentlichen Cafés wird das bis heute angeboten. Wenn eine Frau den Eindruck hat, ihr Mann gehe fremd, sucht sie nicht selten den örtlichen Imam auf und lässt einen Fluch über die mutmaßliche Geliebte aussprechen.

Oberflächlich betrachtet war die Türkei der 2000er-Jahre ein westliches Land. Das Erbe des Laizisten und Staatsführers Kemal Atatürk, der die Türkei Anfang des Jahrhunderts von einem religiösen in einen säkularen Staat umgewandelt hatte, war allgegenwärtig. Atatürk hatte religiöse Bekleidung im öffentlichen Dienst verbieten lassen, die staatliche Ehe eingeführt, Emanzipation gefördert und die islamisch geprägte arabische Schrift durch lateinische Buchstaben ersetzt. Er schaffte Sultanat und Kalifat ab und gilt den Türken bis heute als Vater der Nation.

Doch die Religion kann niemand abschaffen, das hatte ich schon in der ehemaligen Sowjetunion bemerkt und auch in der Türkei war es offensichtlich. Atatürk hatte das Land auf einen säkularen Kurs gebracht, der den Islam mehr und mehr an den Rand der Gesellschaft drängte. Dies sollte mit dem späteren türkischen Präsidenten

Recep Tayyip Erdoğan wieder anders werden. Der Islam sollte wieder einen vorherrschenden Platz im Leben der Türken einnehmen. Der Präsident begann eine schleichende islamische Revolution, die sich bis heute fortsetzt.

Das alles ahnte ich damals noch nicht, aber ich erinnere mich, dass mich Aberglaube, Islam, Säkularismus und die seltsame Vermischung von allem nicht einzuschüchtern vermochten. Im Gegenteil: Es belebte meinen Wunsch, den Menschen von Jesus zu erzählen.

David: Ich war bereit für etwas Neues. Nach unseren Abenteuern in Turkmenistan und Deutschland, nach den vielen Schicksalsschlägen und dem Wunder der Geburt unseres ersten Kindes konnte ich es gar nicht erwarten, wieder in meiner Berufung zu arbeiten. Ich freute mich auf die Türken, auf Istanbul, auf die neue Sprache und unser neues Leben zu dritt.

Aber seien wir ehrlich: Ich hätte eigentlich viel unsicherer sein müssen, denn ich fing in vielerlei Hinsicht bei null an: Zunächst einmal konnte ich noch kein Wort Türkisch. In Zentralasien hatte ich mich aufs Russische konzentriert. Ulrike war unser Sprachgenie und konnte sich von Anfang an mit den Türken verständigen. Für mich hingegen hieß es erst einmal erneut: lernen, lernen, lernen. Während Ulrike bereits zum Kaffeetrinken mit den Nachbarinnen ging und sich fröhlich unterhielt, war ich noch nicht sehr kontaktfähig. Ich verstand einfach kein Wort.

Auch was unser Hab und Gut anging, begannen wir komplett neu. Denn viele unserer Möbel und Kleidungsstücke, ja sogar Hochzeitsgeschenke, hatten wir in Turkmenistan gelassen, weil wir immer davon ausgegangen waren, wir würden dorthin zurückkehren. Wir hatten alles vor Ort eingelagert. Als sich dann herausstellte, dass für uns kein Weg mehr dorthin führte, mussten wir nicht nur unsere turkmenischen Freunde und unsere Arbeit dort zurücklassen, sondern eben auch unsere Sachen. Jahre später fanden wir heraus, dass alles für immer verloren gegangen war. Unser Besitz war offenbar verschenkt und weggeworfen worden.

Da war ich also in Istanbul: mit einer Frau, einem Neugeborenen, zwei Koffern und kaum Sprachkenntnissen. Aber statt mich zu sorgen, genoss ich die Schönheit der Stadt. Istanbul war überwältigend. Von unserer ersten Wohnung in Harem aus hatten wir einen tollen Blick auf den Bosporus. Das Viertel liegt auf der asiatischen Seite der Stadt und bietet einen wundervollen Blick auf das alte Stadtzentrum auf der anderen Seite des Flusses. Ich liebte das Essen und die Menschen. Um es kurz zu sagen: Ich fühlte mich am richtigen Platz.

Natürlich sah ich die Unterschiede zu Turkmenistan. Während die Turkmenen sich auch durch die politische Situation im Land leicht für den Glauben begeistern ließen, waren die Türken eher abweisend, wenn es um das Christentum ging. Die Idee, dass Gott einen Sohn haben könnte, war ihnen nicht nur fremd, sie lehnten das völlig ab. Gerade in der Stadt gaben sie sich gern weltgewandt und gebildet. Doch je länger ich mich in der Türkei aufhielt, umso stärker spürte ich die Zerrissenheit der Türken. Sie waren stolz auf ihre Nation, auf den Weg der Säkularisierung, den sie gegangen waren. Zugleich blickten sie mit skeptischen und zugleich neidischen Augen ins westliche Europa. Als Westler in der Türkei wurde ich ständig gefragt: »Welches Land ist schöner?«

So als legten sie es darauf an, dass ich sagte: Die Türkei natürlich! Das war zumindest, was sie hören wollten. Über die Jahre hat sich das bis heute wohl kaum geändert: Die Türkei als Brücke zwischen Europa und Asien hat eine besondere Stellung in der Welt. Die Türken sind eingeklemmt zwischen West und Ost, zwischen einer reichen religiösen Kultur und dem Säkularismus, zwischen gestern und heute. Es ist wichtig, das zu wissen, wenn man die Menschen vor Ort verstehen will und auch den Weg zurück in die Islamisierung.

Die Türkei, die mir zuerst begegnete, war ein säkularer Staat mit religiöser Tradition. Und ich fühlte mich dort wohl. Ich war es gewohnt, Ausländer zu sein, hatte Jahre meines Lebens damit verbracht, mich in neue Kulturen hineinzudenken und in sie einzuleben. Das tat ich auch jetzt. Schritt für Schritt.

Ulrike: Die Idylle währte nicht lange.

Mit den Wochen und Monaten, die wir nach unserer Ankunft im Frühsommer 1999 im Land verbrachten, kam ich den Türken nach und nach näher. Zumindest versuchte ich das. Ich war es aus Turkmenistan gewohnt, dass ich schnell Kontakt zu meinen Nachbarn bekam, doch am Bosporus war alles anders. Zwar wirkten die Türken in den ersten Begegnungen unheimlich freundlich. Mit Kosenamen angesprochen zu werden war nicht ungewöhnlich. Sie nannten einen *Canim* – mein Herz –, *Kuzum* – mein Schäfchen – oder *Gülüm* – meine Rose. Doch es fiel mir schwer, echten Kontakt aufzubauen. Ich empfand das alles wie eine Wand aus Freundlichkeit und Höflichkeit, die mich daran hinderte, zu den Herzen der Menschen durchzubrechen.

Das lag zum Teil auch daran, dass mein Türkisch noch rudimentär war, obwohl ich mich durch meine Turkmenischkenntnisse durchaus verständigen konnte. Turkmenisch ist dem Türkischen verwandt, vermutlich klang ich in den Ohren der Einheimischen wie ein Landei. Doch viel schlimmer war: In meinen ersten Türkei-Jahren fühlte ich mich fremd und abgeschottet. Dabei war ich doch da, um die Menschen um mich herum zu erreichen! Ich begann daran zu zweifeln, ob ich am richtigen Platz war. Und oh, wie ich Turkmenistan vermisste! Ich wollte nie zurück nach Deutschland, aber ich litt darunter, nicht mehr in Zentralasien leben zu können. Das Leben, besonders mit kleinem Kind, erschien mir schrecklich kompliziert.

Da war etwa dieses Treffen in der Wohnung einer meiner Nachbarinnen, es nannte sich *Gün*: Die Frauen kamen traditionell zusammen, aßen gemeinsam und jede Frau brachte Geld mit, das sie der Gastgeberin überreichte. Diese wiederum setzte das Geld in Gold um. Da die Treffen in regelmäßigen Abständen in unterschiedlichen Wohnungen stattfanden, hatte jede Frau regelmäßig die Gelegenheit, als Gastgeberin Geld in Gold umzusetzen. Wer immer die Gastgeberin war, hatte vorher das Haus auf Hochglanz geputzt, kleine Appetithäppchen, Gebäck und Salate vorbereitet, die sehr appetitlich auf einem Portionsteller angerichtet und jeder Frau gereicht wurden, dazu gab es Tee in oft goldumrandeten Gläsern. Alle Gäste waren bestens angezogen und hatten Schuhe, die nur für Innenräume bestimmt waren, in einem kleinen Handtäschchen dabei.

Eines Tages war ich nun auch dazu eingeladen worden und hatte von alldem natürlich keinen blassen Schimmer. Dennoch ging ich mit Johannes dorthin und freute mich über die Chance, mit den Frauen ins Gespräch zu kommen. Man reichte mir freundlicherweise Hausschuhe für Gäste. Mein lieber kleiner Junge war nicht einmal ein Jahr alt, er zog sich an allem hoch, was er greifen konnte, und machte seine ersten Balanceübungen. In Turkmenistan wäre das kein Problem gewesen, die Räume dort waren leer bis auf ein paar Möbel, das einfache Volk legte keinen Wert auf Schnickschnack. Ganz anders in der Türkei: Überall standen Schälchen und Teegläschen, auf den Tischen lagen kleine Häkeldecken, hier und dort standen Teller mit feinen goldenen Löffelchen darauf, alles erschien wertvoll und einzigartig.

Und mitten in dieses schön dekorierte Wohnzimmer mit seinen eleganten Tischchen und Sitzmöbeln platzten wir: die Deutsche und ihr Kind, das wie fast alle kleinen Jungs gern alles anfasste, herunterzog oder dreckig machte. Ich geriet in Stress und dann schüttete Johannes auch noch ein volles Teeglas über sich aus. Zum Glück verhinderte seine Kleidung, dass er sich verbrannte.

Doch die Frau neben mir rief erschreckt auf: »Nazar degdi!«

Das bedeutete in etwa *Das Auge hat ihn berührt* und es war ein Ausdruck des Aberglaubens. Um meinen Sohn zu schützen, bot mir die Frau umgehend ein *Nazar Boncuk* an, jenen blauen Stein mit weißem Fleck in der Mitte, der das Kind ihrer Meinung nach vor weiterem Unglück schützen würde. Ich dankte ihr für ihre Freundlichkeit und Sorge um uns und versuchte ihr zu erklären, dass unser Schutz nicht an einem blauen Auge liege, so schön es auch aussehen mochte, sondern dass Gott selbst unser Schutz sei.

Ich musste erkennen: Mein Leben hatte sich verändert. Zum einen, weil ich nicht mehr allein für mich war, sondern Johannes mir jederzeit neue Herausforderungen bescheren konnte. Missionarin und Mutter zu sein war etwas anderes, als nur Missionarin zu sein. Es war schwieriger. Ich musste mich jederzeit auf meinen Sohn einstellen, Wunden versorgen, Tränen trocknen oder ihn einfach nur unterhalten. Und das hatte Vorrang vor allem anderen.

Zum anderen war ich in einer Kultur gelandet, die mir fremd war. Teegläschen, Häkeldeckchen und Kosenamen – das war nicht meine Welt. Ich war verloren zwischen Sprachbarriere, Kindererziehung, türkischer Kultur und Großstadtleben. Doch gelegentlich ist Hilflosigkeit ein Segen. Wenn wir gezwungen sind, uns Hilfe zu holen, dann haben wir die Chance, die Welt mit neuen Augen zu sehen.

In meiner Anfangszeit in der Türkei begegnete ich immer wieder Menschen, die mir halfen, mein Leben zu organisieren. Da war etwa Yeschim, die ich in einer Gemeinde kennenlernte und die mich dreimal die Woche besuchte und mir das türkische Leben erklärte.

Yeschim war Türkin und hatte als Jugendliche mit ihrer Familie in Deutschland gelebt, bevor sie als Fünfzehnjährige durch ihre Eltern in die Türkei verheiratet worden war. Sie hatte vieles ausprobiert, hatte auch versucht, die islamischen Gebote einzuhalten, um für ihr Leben Frieden zu finden. Sie verschleierte sich, wurde dann Wahrsagerin und machte viel Geld durch das Kaffeesatzlesen. Doch je mehr sie sich darin vertiefte, desto unzufriedener und friedloser wurde ihr Leben.

Eines Nachts sah sie im Traum drei Kreuze und danach eine grüne Wiese mit frischem Wasser. Sie ging zu einem Imam und erzählte ihm davon. Er antwortete ihr, sie müsse eine große Sünderin sein, wenn sie im Traum Kreuze sehe. Yeschim war verzweifelt. Als letzte Chance besuchte sie das orthodoxe Kirchengebäude in ihrem Stadtteil. Auch hier erzählte sie ihren Traum und der Pastor zeigte ihr in der Bibel den 23. Psalm. Dieser beschrieb genau das, was sie im Traum gesehen hatte: eine grüne Weide und frisches Wasser. So begann sie, das Neue Testament zu lesen und an Jesus zu glauben.

Yeschim kannte also beide Kulturen: die christlich-abendländische und die türkisch-islamische. Ihre regelmäßigen Besuche halfen mir, Einblick in das Leben der Türkinnen um mich herum zu bekommen und sie besser zu verstehen. Doch trotz der Gespräche mit ihr merkte ich: Je länger ich im Land lebte, desto häufiger kam ich in Situationen, die mich herausforderten. Ich ärgerte mich über so vieles! Die Türken schienen sich im Straßenverkehr nicht um

Regeln zu scheren. Bei Elternabenden sprachen alle durcheinander, anstatt der Lehrerin zuzuhören. Ich bemühte mich, ruhig und freundlich zu bleiben, wenn mich die Dinge innerlich zum Kochen brachten. Aber ich spürte: Ich rieb mich immer wieder an den Menschen um mich herum. Obwohl ich das doch gar nicht wollte!

Jahre später, als wir bereits fünf Kinder hatten, gab es wieder einmal solch eine Situation. Eine meiner Nachbarinnen, deren türkischer Name übersetzt *die Lachende* hieß, war eine ältere alleinstehende Dame, die tatsächlich selten lachte und sich umso mehr über Kinderlärm ärgerte. In unserem Haus gab es einige Kinder, die gern im Hof Fußball spielten und Lärm machten, und unsere fünf trugen ihren Teil dazu bei. Ich ermahnte meine Kinder, immer freundlich zu *Frau Lachend*, wie wir sie nannten, zu sein. Doch eines Tages rief sie mich nach unten und beschwerte sich wieder einmal schimpfend über meine Kinder. Ihre Gäste könnten bei all dem Lärm nicht schlafen.

Dieses Mal brachte ihre Beschwerde mein Fass zum Überlaufen und ich entgegnete ihr:»Ich glaube nicht, dass Sie Gäste haben, lassen Sie sie mich sehen!«

Gleichzeitig machte ich Anstalten, in ihre Wohnung einzutreten. Die Frau wies mich augenblicklich ab und schloss die Tür vor meiner Nase. Es war, als wäre da eine Wand zwischen uns hochgezogen worden. Und ich hatte sie mit meinem Verhalten errichtet! Was sollte ich tun? Yeschim war meine Rettung, ich rief sie an und erklärte ihr die Situation.

Ich hörte sie am anderen Ende der Leitung stöhnen:»Oh, Ulrike, du hast die Frau ihr Gesicht verlieren lassen. Am besten schreibst du ihr einen Brief, in dem du dich entschuldigst.«

Das Gespräch war kaum beendet, da war mein erster Gedanke: *Warum soll ich mich von einer Türkin belehren lassen!* Ich fühlte mich besser als die Türken. Yeschim hatte außerdem gesagt, ich solle aus dem ersten Korintherbrief zitieren. Ich las den Bibeltext nach:

Die Liebe ist geduldig und freundlich. Sie ist nicht neidisch oder überheblich, stolz oder anstößig. Die Liebe ist nicht selbstsüchtig. Sie lässt sich nicht reizen, und wenn man ihr Böses tut, trägt sie es nicht nach.

1. Korinther 13,4-5

Das alles steht da. Und ich war das alles so gar nicht. Ich war weder geduldig noch freundlich gewesen, sondern vielmehr überheblich, stolz und anstößig. Ich hatte mich reizen lassen. Wo nur war die christliche Liebe geblieben, die mein Herz eigentlich bewahren sollte?

Sofort setzte ich mich an meinen Küchentisch und schrieb den Brief, wie Yeschim es mir empfohlen hatte. Ich versuchte, meiner Nachbarin den Brief persönlich zu geben, aber sie öffnete mir nicht. Also schob ich ihn unter der Tür durch. Zwei Wochen lang hörte ich nichts. Yeschim sorgte sich schrecklich mit mir. Doch dann, eines Tages, begegnete mir meine Nachbarin auf der Straße. Und *Frau Lachend* lächelte mich tatsächlich an.

»Frau Ulrike«, sagte sie, »wie schön, Sie zu sehen.«

Sie fragte mich freudestrahlend nach meiner Kirche und wie das Leben so laufe. Es war, als wäre nichts gewesen. Nicht eine Spur des Erlebten stand zwischen uns. Nur Freundlichkeit. Gott hatte die Mauer zwischen uns wieder eingerissen.

Mithilfe von Yeschim, die mir immer wieder geduldig erklärte, warum die Dinge in der Türkei so liefen, wie sie liefen, öffnete sich in den ersten Jahren Stück für Stück mein Herz. Ich begann, die Türken zu lieben, so wie ich die Turkmenen geliebt hatte. Ich begann, die Schönheit des Landes zu sehen. Die Herzlichkeit der Menschen. Ihre Zugewandtheit, die Bereitschaft, sofort zu helfen, wo Hilfe nötig war.

Einmal, Jahre später, hatte eines meiner Kinder einen Unfall. Ein Polizeiauto war in eine kleine Betonmauer gerast, auf der Esther während des Spielens draußen gesessen hatte. Eine Nachbarin rannte hinauf zu unserer Wohnung im vierten Stock und gab uns Bescheid. Sofort eilten wir mit ihr nach unten. Eine Menschenmenge hatte sich bereits versammelt und offensichtlich war die Polizei ebenfalls vor Ort.

Esther lag auf dem Boden, aber sie war wach. »Papa, meine Beine tun weh«, sagte sie ruhig, aber mit angsterfüllter Stimme zu David.

Es war kein Blut zu sehen, aber sie bewegte ihre Beine nicht. Waren sie gebrochen?

Wir erfuhren, dass der Polizeiwagen in die Kreuzung eingefahren war, ohne ein anderes Auto zu bemerken, das auf der Hauptstraße angefahren kam. Die Wagen waren kollidiert und das Polizeiauto war gegen die Betonmauer geschleudert worden, auf der Esther gesessen hatte. Ihre Beine waren kurz zwischen dem Polizeiauto und der Mauer eingeklemmt gewesen, bevor der Wagen zurücksetzen konnte. Esther war daraufhin auf dem Boden zusammengebrochen.

Während ich mit ihr ins Krankenhaus fuhr, holte unser Nachbar sein Auto und brachte David zu uns. Er wartete dort Stunden, bis wir Esther wieder mit nach Hause nehmen konnten. Die Mutter von Esthers Freundin verließ sogar ihre Arbeitsstelle, um im Krankenhaus bei uns zu sein. Wie durch ein Wunder hätte unsere Tochter keine schweren Verletzungen davongetragen. Die Röntgenbilder zeigten keine Brüche. Sie hatte eine Zeit lang große blaue Flecken an den Beinen und musste ein paar Tage das Bett hüten, aber schließlich ging es ihr wieder gut und sie konnte sich zu Hause erholen.

Kurz nachdem wir am Abend des Unfalls aus dem Krankenhaus zurück waren, klopfte es an unserer Tür. Diesmal waren es fünf uniformierte Polizisten. Sie kamen im Auftrag ihres Polizeikollegen, der das Unfallauto gefahren hatte. Er wartete unten an der Treppe und hatte Angst, nach oben zu kommen, weil er befürchtete, wir könnten ihn anschreien und wütend werden.

Wir luden die fünf Männer in unser Wohnzimmer zu einem Tee ein. Sie waren sehr nett und höflich und fragten, wie es unserer Tochter gehe. Diese Männer waren gekommen, um sich zu entschuldigen, aber vor allem, um uns zu überreden, keine Anzeige gegen ihren Kollegen zu erstatten.

»Er ist ein junger Polizeibeamter mit Frau und Kindern. Wenn Sie ihn anzeigen, wird er wahrscheinlich seinen Job verlieren.«

Wir versicherten den Polizisten, dass sie sich keine Sorgen machen müssten. Als sie das hörten, riefen sie ihren Kollegen an, der unten wartete, und wir tranken alle gemeinsam ein weiteres Glas Tee. Rückblickend ist es wirklich interessant, dass wir da so Schulter an Schulter im Wohnzimmer saßen. Immerhin hatten wir über die Jahre auch viele unschöne Begegnungen mit der Polizei. Gott wollte uns wohl auch da schon zeigen, dass er immer bei uns ist und sogar diejenigen, die uns nachstellen, zu unseren Freunden machen kann, wenn er will.

Einige Tage später, als Esther noch nicht wieder in der Schule war, kam ihre Lehrerin mit der ganzen Klasse zu Besuch, um meine Tochter aufzumuntern. Noch Wochen später fragten mich selbst weiter entfernte Nachbarn, wie es wohl meiner Tochter ginge.

Das war nur einer von vielen Vorfällen, aber ich erkannte: Die Türken waren reich an Beziehungen. Sie lebten eine Herzlichkeit und ein Mitgefühl, das ich so nicht gekannt hatte. Ich brauchte eine Weile, um das zu entdecken. Aber am Ende sah ich es.

Manchmal fragte ich mich: *Was habe ich eigentlich zu bringen?* Da waren so viele Dinge, die ich von der türkischen Kultur lernen konnte. Es gab nur eine einzige Sache, die ich mitgebracht hatte, die ich unbedingt weitergeben wollte: die Tatsache, dass Jesus den Weg zu Gott für alle Menschen geebnet hat.

David: Einige Wochen nach unserer Ankunft begannen wir, uns eine dauerhafte Existenz in der Türkei aufzubauen. Wir zogen noch einmal um, in die Stadt Bursa, und richteten uns ein. Ich ging Tag für Tag zu meinen Sprachkursen, traf mich mit anderen Missionaren, die bereits seit längerer Zeit vor Ort lebten, und lernte die türkischen Gepflogenheiten kennen.

Dabei half mir Mahmoud, ein türkischer Spirituosenhändler, den ich in unserer Nachbarschaft kennenlernte. Irgendwie kamen wir ins Gespräch und ich erklärte ihm auf Englisch, dass ich gerade Türkisch lernte. Er bot mir sofort seine Hilfe an, eine typische Eigenheit der Türken, wie ich feststellte: Wenn sie helfen können, helfen sie.

Und so kam es, dass ich mich schließlich Woche für Woche mit Mahmoud traf. Am Anfang sprachen wir über einfache Vokabeln wie Farben oder Möbel. Am Ende unterhielten wir uns über den Islam und das Christsein.

Ansonsten gab es noch einmal in der Woche ein Gebetstreffen der OM-Mitarbeiter. Die Zeit zwischen unseren Aktivitäten waren Ulrike und ich einfach nur verliebt ineinander und in unseren Sohn und wir freuten uns aneinander.

Ulrike: Kinderkriegen in der Türkei war so ganz anders als in Deutschland! Das erlebten wir, als im Juli 2000 unser zweites Kind Rebecca in Bursa zur Welt kam.

David und ich machten uns in dem kleinen örtlichen Krankenhaus, das wir uns ausgesucht hatten, gleich einen Namen – denn es war keinesfalls normal, dass der Mann mit zur Geburt kam. Das hatte weniger mit der islamischen Tradition zu tun, sondern mehr mit dem Temperament der Türken. Die Frauen in den türkischen Kreißsälen schrien frei heraus. Die meisten Krankenschwestern und Hebammen sorgten sich dementsprechend, dass es den Männern zu schwer fallen könnte, das Leid ihrer Frauen zu ertragen, dass sie in Ohnmacht fallen oder ebenfalls laut oder ungestüm werden könnten. Daher waren sie bei Geburten nicht gerne gesehen. Die meisten Frauen nahmen sich deshalb eine weibliche Verwandte oder Freundin mit in den Kreißsaal.

David und ich sahen es jedoch nicht ein, uns vor der Tür des Kreißsaales zu trennen. Wie schon bei Johannes wollten wir die Geburt unserer Rebecca gemeinsam erleben. Zum Glück ließ das Krankenhaus das zu, auch wenn es ungewöhnlich war. Ich hatte eine sehr einfühlsame Ärztin, die uns in allem bestärkte, was wir planten. Tatsächlich war es dann auch eine überaus leichte Geburt.

Und auch nach der Geburt lief bei uns vieles anders als bei den Türken. Während die Familien der anderen Frauen die Krankenzimmer stürmten, blieb es in unserem Zimmer ruhig. Wir hatten keine Angehörigen, die mal eben vorbeischauen konnten. Ich blieb noch eine Nacht auf der Station und ging am nächsten Tag ohne großen Zirkus, Besuch oder Begleitung nach Hause. Dort erwartete uns meine Patentante, die bereits vor der Geburt angereist war und noch einige Zeit danach dablieb, um uns zu unterstützen.

Während es zudem bei den Türken eher normal war, dass die Frauen sich komplett um die Kinder kümmerten, musste David ordentlich mit anpacken. Er wechselte Windeln, schaukelte Rebecca auf dem Arm, spielte mit Johannes und tat auch sonst alles, um mich zu unterstützen. Als meine türkischen Nachbarinnen das sahen, sprachen sie immer voll Hochachtung von meinem Mann. So ungewöhnlich sein Einsatz für sie gewesen sein muss, so sehr beneideten sie mich um seine Hilfe.

Diese Monate gehörten zu den schönsten Familienzeiten unseres Lebens. Wir hatten Raum für uns, David war noch viel zu Hause und wir bekamen ausreichend Hilfe. Wir atmeten durch und fanden uns neu. Und auch später, als wir mehr Kinder hatten, blieb es dabei: David behielt immer einen offenen Blick dafür, wenn ich mal Freiraum brauchte. Dann schnappte er sich die Kinder und gönnte mir für einige Stunden Ruhe.

Alle meine Kinder kamen innerhalb von sechs Jahren zur Welt. Ich war nicht mehr die Jüngste und wir waren uns sicher, eine große Familie haben zu wollen. Dass wir im Ausland lebten, war für uns kein Hindernis. Uns war von Anfang an klar, dass wir ein Leben als Missionare führen wollten. Und eben auch als Eltern. Die türkische Kultur spielte uns in die Hände. Kinder sind dort willkommen. Wenn die Frauen aus unserem Haus sich draußen zum Teetrinken trafen, waren alle Kinder mit großer Selbstverständlichkeit dabei. Als sie noch klein waren, hörte ich oft den Satz: »Lass mich dein Kind lieben«, begleitet von einem schwungvollen Kniff in die Wangen als Ausdruck dieser Liebe. Unser Jüngster hat deshalb nicht selten vorsichtshalber seine kleinen Händchen ins Gesicht gelegt, um dem Kneifen zu entgehen!

Ich mochte diesen lockeren Umgang der Türken mit Kindern. Die Tatsache, dass alle überall mithalfen, erleichterte mir vieles. Trotzdem war es stets ein großes Spektakel, wenn ich mit fünf Kindern auf den Markt ging. Eines hatte ich im Kinderwagen, eines in der Trage auf dem Rücken und die drei großen mussten laufen. Für meine Nachbarn war es immer ein Schauspiel, mich als Deutsche wie eine anatolische Mutter mit allen Kindern auf den Markt spazieren zu sehen. Schließlich hatten wir Deutschen den Ruf, Kinder nicht so sehr zu schätzen. Der Marktgang war eines der Highlights der Woche, denn die Verkäufer waren uns freundlich zugewandt und steckten den Kindern immer wieder kleine Leckereien zu.

»Fass das nicht an, Johannes!«

»Komm zurück, Rebecca!«

Wieder einmal war ich mit allen auf dem Markt, das Baby in der Trage, die Kleine im Buggy, die anderen drei trotteten neben mir her.

Mit Gemüse und Fleisch im Gepäck kamen wir schließlich zu Hause an. Vier Treppen hoch, kurz die Nachbarin gegrüßt und ab an den Herd, das Abendessen musste gekocht werden. Ich war insgesamt so müde vom Korrigieren der Schulaufgaben, vom Stillen, vom Spielen und vom Haushalt.

Sah so das Leben einer Missionarin aus? Hatte ich es mir wirklich so vorgestellt? Sicher nicht. Wo war das Abenteuer, das ich so dringend gesucht hatte? Was trug ich eigentlich dazu bei, dass die Welt von Jesus erfuhr?

Da klingelte es auf einmal an der Tür. Eine andere Nachbarin. Ob ich mit ihr einen Tee trinken wollte? Ja, sicher. Da saß ich nun mit den Kindern in einer Runde türkischer Frauen und nippte am braunen Heißgetränk.

Plötzlich fragte mich eine von ihnen: »Wo ist David heute?«

»Oh, er ist auf der Arbeit.«

»Was arbeitet er noch mal?«

»Er ist bei der Kirche angestellt.«

»Also ist er Missionar?«

»Was denkst du denn, was ein Missionar tut?«, fragte ich zurück, denn ich wusste, das Wort wurde oft falsch verstanden. So, als sei ein Missionar jemand, der politische Ziele habe.

»Nun, er spricht über seinen Glauben, oder?«, antwortete meine Nachbarin.

»Ja, das tut er. Findest du das in Ordnung?«

»Ja, das tun wir Muslime ja auch.«

Und dann, plötzlich, sprachen wir über das, was unser Leben ausmachte. Sie zitierte aus dem Koran und ich erzählte vom Evangelium. Zwischen schreienden Kindern, heißem Tee und Häkeltischdeckchen.

David: Endlich ging es nun auch los mit der missionarischen Arbeit!

Als ich nach rund einem Jahr die Sprache schließlich halbwegs beherrschte, beauftragte mich OM, den sogenannten Bibelkorrespondenzkurs in Istanbul zu leiten, eine Organisation mit viel Tradition. Sie ging auf die Arbeit von Christen im Osmanischen Reich zurück.

Gegen Ende des 19. Jahrhunderts hatte es viele Missionare in der Region gegeben. Doch dann kam der Erste Weltkrieg und mit ihm der Massenmord an armenischen Christen durch die Türken. Wer nicht umkam, floh. Und auch so gut wie alle Missionare verließen das Land. Die Türkei, die einst auch eine reiche christliche Kultur besessen hatte – immerhin war Paulus auch dort unterwegs gewesen –, verlor diese Tradition vollends. Erst in den 60er-Jahren lebte die missionarische Arbeit wieder auf und einer der ersten Dienste war der Bibelkorrespondenzkurs. Zu Beginn war die Arbeit simpel: Die Organisation wählte Personen aus den Telefonbüchern aus und schrieb sie an, schickte Einladungen zu Bibellesungen oder versendeten gleich die Bibel selbst.

Zu meiner Zeit arbeitete der Kurs vor allem mit Anzeigen in Zeitungen. Wer sich meldete, dem schickten wir Bibeln. Einige von uns fanden es aber auch wichtig, in den Fußgängerzonen präsent zu sein, deshalb stellten wir einmal in der Woche Büchertische auf. Wir verteilten Bibeln an die, die vorbeikamen. Witzigerweise standen wir oft gemeinsam mit kommunistischen Organisationen auf der Straße. Wie wir hatten die Kommunisten offensichtlich einen missionarischen Anspruch. So standen wir direkt nebeneinander und sprachen die Menschen mit unseren so unterschiedlichen Anliegen an.

Immer mal wieder gab es religiöse Muslime, die uns unfreundlich begegneten, aber die Kommunisten und wir standen dann Seite an Seite und verteidigten uns gegenseitig, frei nach dem Motto: Der Feind meiner Feinde ist mein Freund. Doch bei Weitem nicht alle Türken waren uns feindlich gesinnt, ganz im Gegenteil. Es gab Tage, da rissen uns die Leute die Bibeln förmlich aus der Hand. Denn auf dem freien Markt in der Türkei konnte man kaum Neue Testamente bekommen. Das Internet war noch nicht sehr populär bei den einfachen Leuten, also war das auch kein Weg, Gottes Wort zu lesen. Wir aber rührten kräftig die Werbetrommel dafür. Die Türken waren neugierig und wir halfen dabei, ihre Neugierde zu stillen.

Für alle, die die Türkei heute kennen, mag das komisch klingen. Schließlich sind im Laufe der Jahre Missionare inhaftiert, ausgewiesen und sogar ermordet worden. Doch in einer Großstadt Anfang des Jahrtausends war die Welt noch eine andere. Ausländer waren überall. Fremde Kulturen waren für die Türken dort nichts Fremdes. Und die religiöse Rechte war noch nicht an der Macht.

Freiheit, Säkularismus und Wissenschaft waren die großen Werte der gebildeten türkischen Städter. Kopftücher sah man damals eher bei älteren Frauen. Junge Leute gaben nicht viel darauf, ganz anders als heute.

Meine Arbeit beim Bibelkorrespondenzkurs bestand jedoch nur zu einem kleinen Teil aus Straßeneinsätzen. Viele Stunden verbrachte ich im Büro und sorgte dafür, dass Gemeinden, Missionare und Partnerorganisationen jenseits der Landesgrenzen gut vernetzt waren. Oder ich schaltete Werbung für kostenlose Bibeln. Ich sorgte auch dafür, dass die Bücher an die richtigen Stellen verschickt wurden. Wir sandten Neue Testamente an Kirchgemeinden überall in der Türkei – und das äußerst erfolgreich. Pro Woche brachten wir bis zu vierhundert Bibeln an den Mann und die Frau.

Ich war so dankbar für diese Arbeit! Denn alle Menschen, mit denen ich zu tun hatte, waren ernsthaft interessiert am Glauben. Oft schickten sie uns sogar Dankbriefe für unsere Lieferungen. Ich hörte viele Geschichten darüber, wie Türken zum Glauben kamen, einfach dadurch, dass sie unsere Bibeln lasen. Manche schlossen sich Gemeinden an und entwickelten sich zu tiefgläubigen Christen. In der Türkei gab es damals rund hundert evangelisch-freikirchliche Gemeinden, oft hatten sie nur bis zu zwei Dutzend Mitglieder. Das mag nicht viel erscheinen, aber es war etwas in Bewegung und ich erlebte das jeden Tag ganz direkt und unmittelbar durch die Zuschriften der Menschen oder bei Besuchen in den Kirchen.

Da gab es zum Beispiel diesen Mann, dessen Vater in den 60er-Jahren bereits eine Bibel beim Bibelkorrespondenzkurs bestellt hatte. Trotz dieser Initiative las er das Buch nie, es verstaubte einfach auf dem Schrank. Doch zwanzig Jahre später bekam sein Sohn die Bibel in die Hände, schlug sie auf, begann zu lesen – und war so fasziniert von Jesus, dass er sich schließlich taufen ließ.

Ein anderer Mann erzählte mir, wie er eine verpackte Bibel mit unserer Adresse darauf im Müll gefunden hatte. Es gab natürlich keine sichere Erklärung dafür, warum sie dort gelandet war. Vielleicht hatte der Postbote keine Bibel ausliefern wollen und sie einfach weggeworfen. Oder es war ein Versehen gewesen. Aber dieser Mann nahm das Buch heraus aus dem Unrat, säuberte es und las die Geschichten darin. Auch er schloss sich schließlich einer Gemeinde an.

All die Geschichten, die ich darüber erzählen könnte, wie Türken auf solch verrückten Wegen zum Glauben gekommen sind, würden den Rahmen dieses Buches sprengen. Gott schreibt Geschichten, die wir uns nicht einmal in unseren kühnsten Träumen ausdenken könnten.

Ulrike: Natürlich hatten wir keine Ahnung, auf was wir uns einließen, als wir in so kurzer Zeit so viele Kinder bekamen. Wir lieben sie alle, aber die ersten zehn Jahre waren wirklich eine anstrengende Zeit. Ich hatte oft das Gefühl, keine Kraft mehr zu haben, um auch nur einen kreativen Gedanken zu fassen. Meine Tage bestanden aus Windeln wechseln, stillen, Klötzchen stapeln, Gäste bewirten, für Teamtreffen in unserem Haus zu kochen, an meinen türkischen Sprachkenntnissen weiterzuarbeiten und gleichzeitig zu versuchen, tiefer in die Kultur einzudringen.

Wo war mein aufregendes Leben als Missionarin geblieben? Immer wieder stieß ich an meine Grenzen. So hoch, wie mein Anspruch an mich als Krankenschwester und Missionarin gewesen war, so hoch war er auch an mich als Mutter. Die ersten sechs Jahre seien prägend für den Charakter eines Kindes, hatte ich gelernt, also wollte ich in diesen Jahren alles möglichst perfekt machen. Die Kinder sollten Vertrauen lernen, Verständnis für das Gegenüber, Respekt und gutes Benehmen. Von Davids Familie kannte ich den Anspruch an Kinder, gehorsam zu sein. Vor allem unser Ältester hatte unter meinen Ansprüchen zu leiden.

Ich merkte nicht, wie mir die Situation mehr und mehr entglitt. Ich erinnere mich an einen Nachmittag in unserer Wohnung, Johannes muss drei oder vier gewesen sein. Ich wollte wissen, ob er sich unerlaubt eine Süßigkeit vom Tisch genommen hatte, und er verneinte. Ich war mir sicher, dass er log. Wir stritten uns darüber, es ging einige Male hin und her, er wurde wütend und laut und da geschah es: Ich schlug mein Kind. Er weinte und wir beide schrien aufeinander ein. Weil ich mich nicht unter Kontrolle hatte, trug dieser kleine Mensch, den ich so liebte, für die nächsten Tage einen blauen Fleck am Hintern mit sich herum. Einige Tage später waren wir am Schwarzen Meer zum Baden, und als Johannes seine Hose auszog, fiel einer Frau neben uns der Fleck auf.

»Oh, was ist denn da passiert?!«, fragte sie.

Ich erstarrte kurz und ließ mir dann sofort eine Ausrede einfallen. »Er ist blöd auf einer Treppenstufe ausgerutscht«, log ich.

Kaum hatten die Worte meinen Mund verlassen, fiel es mir wie Schuppen von den Augen. Ich hatte Johannes mit den Schlägen dafür bestrafen wollen, dass er gelogen hatte. Und nun log ich selbst. Ich schämte mich. Und ich versprach mir: Gewalt hat bei uns keinen Platz. Fortan wollte ich meinen Kindern vor allem eines vermitteln: Jesus ist derjenige, zu dem wir mit all unseren Fehlern kommen können. Und wenn wir mit all unseren Fehlern zu ihm kommen können und er uns dennoch liebt, wie um alles in der Welt könnte ich meinen Kindern dann Gegenteiliges vermitteln?

Barmherzigkeit und Gnade sollten unser Haus prägen, Freundlichkeit und Liebe. Wärme und Wohlgefallen statt Gehorsam.

In all diesem Durcheinander meiner überhöhten Ansprüche an mich selbst, an meine Kinder, dem Gefühl, versagt zu haben und eigentlich keine richtige Missionarin mehr zu sein, kam noch dazu, dass ich keine Kraft und Zeit hatte, meine Bibel zu lesen oder mehr als nur ein kurzes Gebet zum Himmel zu schicken, bevor ich abends meinen Kopf auf das Kissen legte und sofort einschlief. Ich fühlte mich, als hätte ich kein Recht mehr, mich Missionarin zu nennen. Noch schlimmer aber war: Es fühlte sich an, als sei Jesus weit weg von mir. Bis zu jenem Nachmittag, als es an meine Tür klopfte.

Ich raffte mich vom Boden auf, wo ich gerade mit den Kindern gespielt hatte, und öffnete. Nazan von nebenan stand vor mir. Sie war gekommen, um mir von einem Traum zu erzählen, den sie in der Nacht gehabt hatte. Ganz aufgeregt beschrieb sie, wie sie Jesus gesehen hatte. Er hatte zu ihr gesagt: »Komm!« Und während er sie heranwinkte, sah sie eine Person neben Jesus stehen. Mich! Ich hatte ein Kind auf dem Arm und zwei weitere saßen neben mir. Nazan erinnerte sich, wie nah ich Jesus war. Ich stand so dicht, dass ich ihn hätte berühren können.

Als sie mir das erzählte, brach ich in Tränen aus. Da benutzte Gott meine muslimische Nachbarin, um mir seine Liebe zu zeigen, um mir zu zeigen, dass er mit mir war, auch wenn meine Gefühle eine andere Sprache sprachen. Dass er mit mir war in meinem Alltag und selbst in meinem Versagen. Das beflügelte mich, weiterzumachen. Egal, ob ich zum Bibellesen kam oder nicht.

Ich erkannte, dass meine missionarische Arbeit anders sein würde als Davids. Ich war nicht die, die Bibeln in der Fußgängerzone verteilte oder öffentlich predigte. Stattdessen pflegte ich Beziehungen zu meinen Nachbarinnen, las mit meinen Gästen die Bibel und nutzte meine alltäglichen Kontakte, um Jesus bekannt zu machen. Ich tauchte in ihre Kultur und ihr Leben ein, wurde Teil davon und bekannte immer wieder meinen Glauben. Ich konnte mein Leben mit dem meiner Nachbarinnen teilen. Das war mein Weg! Es war unser Weg, David dort draußen und ich hier in meinem Mikrokosmos, meiner Straße, meinem Wohnhaus, meinem Kiez.

Es fiel mir damals kaum auf, aber wenn ich heute zurückschaue, dann hatte ich so unglaublich viele wertvolle Begegnungen mit oder wegen meiner Kinder. Da waren etwa die vielen Geburtstage und Feiern, die wir veranstalteten. Als Familie hatten wir beschlossen, all diese Partys gemeinsam mit der einheimischen Gemeinde als kleine Kinderstunden zu gestalten. Wir sangen christliche Lieder, lasen Bibelgeschichten, spielten und bastelten. Immer, wenn ein Geburtstag oder Ähnliches anstand, fragte ich alle Eltern der eingeladenen Gäste, ob es für die in Ordnung sei, wenn wir aus der Bibel lesen würden. Tatsächlich war es in der Türkei verboten, Kinder zu missionieren. Also tat ich, was das Gesetz verlangte, und sicherte mich bei den Eltern ab. Widerspruch kam nur ein einziges Mal und da nicht etwa von einem Muslim, sondern von einem erklärten Atheisten.

Doch das war nicht alles. Als David bereits den Bibelkorrespondenzkurs leitete, knüpfte ich engere Beziehungen zu den Frauen in unserem Haus. Wir wohnten damals im vierten Stock mitten in Istanbul. Gegenüber unserer Wohnung lebte eine ältere alleinstehende Dame und unter uns mehrere Familien. Unsere Kinder hatten immer viele Freunde zum Spielen und ich viele Frauen, um mich zu unterhalten.

Eine meiner Nachbarinnen hieß Hanife. Im Gegensatz zu den anderen Frauen im Haus war sie tief religiös. Sie verließ das Haus nie ohne Kopf- und Ganzkörperbedeckung. Jeden Freitag ging sie in die Moschee und nahm ihren Glauben genau wie ihr Mann sehr ernst. Ab und an nahm sie sich unseren Ältesten, Johannes, zur Seite und sprach mit ihm über den Islam. Ich merkte, wie unangenehm es mir war, dass sie das tat, ohne zuvor mit mir darüber zu reden. Andererseits hielt es mir auf seltsame Weise den Spiegel vor: Denn als Missionarin tat ich ja nichts anderes! Ich sprach mit Muslimen über meinen Glauben, weil ich davon überzeugt war und auch sie davon überzeugen wollte. Ich nahm mir vor, dies bei Kindern nur dann zu tun, wenn ich vorher mit den Eltern gesprochen hatte und sie es mir erlaubt hatten. Und ich nahm mir vor, nicht nur zu predigen, sondern auch zuzuhören.

Und so knüpften Hanife und ich ein spannendes Band: In den folgenden Monaten trafen wir uns regelmäßig in ihrer Wohnung, meiner oder der einer der anderen Nachbarinnen. Jedoch nicht einfach nur zum Kaffeeklatsch wie sonst üblich. Nein, wir lasen abwechselnd aus dem Koran und aus der Bibel vor. Das führte nicht nur zu allerhand spannenden Gesprächen. Es brachte mich auch dazu, meinen eigenen Glauben mehr denn je zu schätzen.

Da gab es etwa diesen einen Nachmittag, ich erinnere mich daran, als wäre es gestern gewesen. Hanife las eine Stelle aus dem Koran, es ging um ein schweres Gewitter, einen Sturm mit schrecklichen Winden und zerstörerischer Kraft. Wir Frauen saßen dort im Kreis und waren ganz still, lauschten nur eingeschüchtert. Denn je weiter meine Freundin die Koranstelle vortrug, umso mehr wurde klar, dass es darin nicht bloß um ein Unwetter ging. Das Buch berichtete von der Strafe, die Allah jedem zukommen lassen würde, der sein Leben nicht gottgefällig ausrichtete. Die Spannung im Raum war mit Händen zu greifen, sogar ich war eingeschüchtert.

Als Hanife geendet hatte, griff ich wie üblich zu meiner Bibel und entschied spontan, Psalm 23 vorzulesen.

»Der Herr ist mein Hirte, ich habe alles, was ich brauche. Er lässt mich in grünen Tälern ausruhen, er führt mich zum frischen Wasser. Er gibt mir Kraft. Er zeigt mir den richtigen Weg um seines Namens willen. Auch wenn ich durch das dunkle Tal des Todes gehe, fürchte ich mich nicht, denn du bist an meiner Seite. Dein Stecken und Stab schützen und trösten mich. Du deckst mir einen Tisch vor den Augen meiner Feinde. Du nimmst mich als Gast auf und salbst mein Haupt mit Öl. Du überschüttest mich mit Segen. Deine Güte und Gnade begleiten mich alle Tage meines Lebens, und ich werde für immer im Hause des Herrn wohnen.«

Augenblicklich veränderte sich die Stimmung im Raum. Nicht nur mir wurde der Kontrast der beiden Schriften bewusst. Gott stellte sich in der Bibel vor als guter Hirte. Da war keine Furcht. Ganz im Gegensatz zu der Atmosphäre, die durch die Koranstelle aufgekommen war.

Ich lernte bei diesen Treffen, dass die meisten Muslime an die Dualität der Engel glauben. Ihr ganzes Leben lang, so die Idee, begleiteten sie sie, unsichtbar, einer auf der rechten Schulter, einer auf der linken. Der eine zähle die guten Taten, der andere die schlechten. Sollte das Gleichgewicht am Ende des Lebens zuungunsten des Muslims ausfallen, so wäre er verdammt. Und selbst wenn nicht, so hätte er eine hauchdünne Brücke zu überschreiten, bevor er ins Paradies gelangen könnte. So viele Ungewissheiten – ich war einmal mehr dankbar für meinen Glauben an Jesus, der mir schon alles geschenkt hatte! Mir wurde ganz neu klar, welche gute Botschaft ich bringen konnte. Und auch, wie sehr sich das von dem unterschied, was viele Türken glaubten.

Eine der Frauen, Sultan, spürte wohl dasselbe und fragte mich immer wieder über meinen Glauben aus. Einmal wurde es einer der anderen Nachbarinnen zu viel. »Wenn du Christin wirst, dann führt dein Weg in die Hölle«, sagte sie barsch. Damit war das Gespräch beendet.

Ein anderes Mal saß ich mit meiner türkischen Freundin zusammen, wieder hatten wir im Koran und in der Bibel gelesen. Sie war eine sehr religiöse Muslima und die Mutter einer Freundin meiner Kinder. Sie war mir freundlich gesinnt, aber an diesem Tag kamen wir an eine Grenze. Ich hatte aus dem Buch Jesaja gelesen, dort wird der Tod Jesu beschrieben und es heißt: *Doch es war der Wille des Herrn, ihn leiden zu lassen und zu vernichten* (Jesaja 53,10). Meine Freundin stand abrupt auf und sagte sehr bestimmt: »Das ist falsch! Allah würde seinen Propheten niemals leiden lassen.« Dann fuhr sie fort: »Ulrike, ich schätze dich. Du bist eine tolle Gesprächspartnerin und ich mag, wie du deine Kinder erziehst. Aber hier ist eine Grenze.« Sie zeichnete mit dem Finger eine imaginäre Linie auf den Teppich. »Die Art, wie du über Isa, also Jesus, denkst, das ist die Trennung zwischen uns.«

Wir sind bis heute Freundinnen. Aber sie hatte recht. Das, was sie beschrieben hat, ist die Trennlinie zwischen Christen und Muslimen, sosehr wir uns heute auch oft bemühen, sie zu verschleiern.

Viele meiner Nachbarinnen besuchten mich in meiner Wohnung und mit einigen konnte ich in den folgenden Wochen und Monaten in der Bibel lesen. Ich erinnere mich besonders an eine Frau, Nurcan war ihr Name. Sie war die Tochter einer meiner älteren Nachbarinnen und völlig verliebt in die Worte des Neuen Testaments. Eines Tages gab ich ihr eine eigene Ausgabe. Doch schon nach einigen Wochen gab sie mir die Bibel zurück. Sie war ganz offensichtlich sehr bedrückt.

»Mein Mann erlaubt es mir nicht«, sagte sie.

Auch ich war traurig, hatte ich doch gesehen, wie Gott damit begonnen hatte, ihr Herz zu berühren. Aber wer wäre er, wenn er sich so einfach aufhalten ließe, nicht wahr?

Ganze zehn Jahre später, ich begleitete meinen Sohn Daniel gerade zur Bahn, mit der er zur Schule fuhr, sah ich einen Mann im Rollstuhl an einer Bushaltestelle. Ich stand direkt neben ihm und irgendetwas an diesem Mann kam mir bekannt vor. Ich überlegte und überlegte, aber es wollte mir nicht einfallen.

Da sprach er mich plötzlich an: »Du bist Ulrike aus Deutschland! Ich erinnere mich an dich. Ich bin Nurcans Ehemann.«

Da fiel es mir wieder ein. Das war der Mann, der meiner guten Nurcan das Neue Testament verboten hatte. Doch er war keineswegs unfreundlich oder barsch, ganz im Gegenteil. Leise und zurückhaltend erzählte er mir, dass seine Frau sehr krank sei.

»Darf ich sie besuchen?«, fragte ich ihn sofort.

Er zögerte nicht und sagte zu. Noch am selben Tag nahm ich mir ein Taxi zu der Adresse, die er mir gegeben hatte. Und dort fand ich meine Freundin. Es ging ihr wirklich schlecht. Sie hatte Schmerzen, lag im Bett, bleich im Gesicht. Sie freute sich, mich zu sehen, war aber ganz offenbar am Ende ihrer Kräfte.

Sie erzählte mir ihre Geschichte: Ihre Aorta, also die Hauptschlagader, war in der Bauchgegend blockiert. Die Ärzte hatten sie vor die Wahl gestellt: Entweder müsse sie eine schwere Operation hinter sich bringen. Oder ihre Beine würden nach und nach absterben, was für sie den sicheren Tod bedeuten würde. Doch nicht nur das. Die Mediziner machten ihr keine Illusionen, was ihre Chancen, den Eingriff zu überleben, anging. Es bestand eine achtzigprozentige Chance, dass sie dabei starb. Einer der Ärzte ging so weit, ihr vorzuschlagen, schon einmal alles für den Fall ihres Todes vorzubereiten. Doch welche Wahl hatte meine Freundin? Sie hatte sich schließlich dazu entschieden, die Operation zu riskieren. Und zwar deshalb, weil sie just in den Tagen vor unserem Wiedersehen einen Traum gehabt hatte. Darin hatte sie Jesus gesehen.

»Er hing dort am Kreuz, sah mich an und hatte Tränen in den Augen«, berichtete Nurcan mir bei meinem Besuch. »Ich trat zu ihm hin und habe ihm die Nägel aus den Händen gezogen. Daraufhin legte er seine blutenden Hände auf meine versehrte Stelle. Und ich wurde heil.«

Meine Freundin erklärte mir, wie sie dieser Traum ermutigt habe. Tatsächlich schien sie keine Angst mehr vor der Operation zu haben.

In den Tagen vor dem Eingriff betete ich viel mit ihr. Auch Mitglieder der türkischen Gemeinde besuchten sie. Dann war es so weit. Ich saß auf heißen Kohlen, bis der rettende Anruf kam: Nurcan hatte alles gut überstanden! Gott hatte sie bewahrt, das wusste nicht nur ich, das glaubte auch sie.

Eine Woche später besuchte ich sie und wir machten dort weiter, wo wir aufgehört hatten: Wir lasen zusammen im Neuen Testament. Dieses Mal aber gemeinsam mit ihrem Mann. Wir lasen über die Heilungen, die Jesus gewirkt hatte. Über seine Wunder. Und Nurcan wurde klar: Dieser Jesus war nicht nur ein Prophet, wie es im Koran hieß. Er war tatsächlich Gott, sonst hätte er all diese Taten nicht bewirken können. Es war ein wunderbarer Moment. Da waren Erkenntnis und Liebe und Dankbarkeit bei Nurcan, aber auch bei ihrem Ehemann. Wir beteten nochmals gemeinsam, bevor ich das Haus verließ.

Leider ist dies nicht das Ende der Geschichte. Ich war eine Woche später erneut mit Nurcan verabredet. Doch kurz vor unserem Treffen klingelte mein Telefon und ihr Mann war dran. Seine Stimme klang erstickt.

»Wir haben sie heute Nacht verloren«, sagte er knapp.

Ich brauchte einen Moment, um zu verstehen. Nurcan war doch noch an den Folgen der Operation gestorben. Ganz plötzlich, dabei hatte sie sich bis dahin gut erholt. Ich war erschüttert. Unsere Geschichte war so lang gewesen! Über zehn Jahre hatte sie gedauert. Ich weinte und trauerte.

Dennoch blieb mir vor allem eine Erkenntnis und die war unglaublich tröstlich: Egal, welche Steine im Weg liegen, Gott lässt sich finden. Nurcan, da war ich mir sicher, war mit dem Wissen gestorben, dass Jesus Christus Gott ist. Ihre Gesundheit und ihr Leben waren ihr genommen worden, aber diese Gewissheit hatte sie gehabt und die würde ihr in Ewigkeit bleiben.

Ihren Mann traf ich noch einmal. Er war zerbrochen und zog bald fort. Ich weiß nicht, wie seine Geschichte weiterging. Aber dank Nurcan und ihrem Weg habe ich für ihn vor allem eines: Hoffnung.

AUF DEN STRASSEN ISTANBULS

2005–2007

David: Wenn wir über die Türkei sprechen, müssen wir über Recep Tayyip Erdoğan sprechen, den heutigen Ministerpräsidenten des Landes.

Erdoğan hat sich über die Jahre einen Namen gemacht als Gegenpol zum atatürkschen Laizismus-Entwurf. Er steht für die Wiederbelebung des Islam und seiner Rechtsordnung in der Türkei. Er hat das Land tief greifend verändert. Doch indem er den Islam zurückbrachte, hat er auch uns Christen die Tür geöffnet. Wir waren während unserer Zeit in der Türkei nur ein paar Tausend in einem Land mit Millionen Muslimen. Aber so paradox das klingen mag und so wenig Erdoğan das sicherlich beabsichtigt hat: Dank ihm bekamen wir zunächst mehr Freiheiten, auch wenn sich das später zum Schlechten wenden sollte.

Erdoğan war bis 1998 Bürgermeister von Istanbul, also bis kurz vor unserer Einreise. Schon in dieser Amtszeit trat er für die Einführung religiöser Regeln in der Hauptstadt ein. Er verbot etwa den Ausschank alkoholischer Getränke in städtischen Bars. Er setzte sich für die Geschlechtertrennung in öffentlichen Badeanstalten und in Schulbussen ein und bediente damit seine konservativ-religiöse Wählerschaft. Doch als Ulrike, Johannes und ich nach Istanbul zogen, saß Erdoğan im Gefängnis.

Wie war es dazu gekommen? Wie ich schon öfter gesagt habe, ist die Geschichte der Türkei komplex und zutiefst geprägt vom Konflikt zwischen Laizismus und Islam. Und noch dazu von der Konkurrenz zu Europa und dem türkischen Schattendasein am Rande des Kontinents. Die Türken wussten nicht, wohin sie gehörten, fühlten sich stets zwischen den Fronten und waren zugleich besessen von einem durch Atatürk und die lange Geschichte der Eroberungen ihres Volkes installierten Nationalismus. Erdoğan mit seinen religiösen und konservativen Zielen war zwar gewählt, wurde aber von jeher durch das laizistisch geprägte Militär kritisch beäugt.

1997 hatte er öffentlich aus einem Gedicht zitiert und die Worte benutzt: *Die Minarette sind unsere Bajonette [...] und die Gläubigen unsere Soldaten.*[2] Das war zu viel für den laizistischen Staatsapparat und so verurteilte ein Gericht den Politiker 1998 zu zehn Monaten Gefängnis und einem lebenslangen Politikverbot wegen *Schüren religiösen Hasses*. Vier Monate saß das spätere Staatsoberhaupt ab, bevor es wieder entlassen wurde.

Das allein sagt schon viel über die schwierige Situation im Land und dessen Zerrissenheit. Es sollte nicht das Ende Recep Tayyip Erdoğans sein, sondern markierte eher den Anfang seiner Erfolgsgeschichte. Er hörte nicht auf, Politik zu machen, sondern sammelte im Hintergrund religiös orientierte Kräfte um sich. 2001 gründete er die AKP, zu Deutsch: die Gerechtigkeits- und Aufschwungpartei. Er gewann mit ihr 2002 überraschend die Parlamentswahlen. Viele Türken setzen aufgrund einer wirtschaftlich schlechten Situation auf die sogenannten Reformislamisten der AKP statt auf bewährte Kräfte. Erdoğan selbst konnte nicht als

Ministerpräsident antreten, stattdessen übernahm Abdullah Gül, aber nur kurzfristig. Denn einmal an der Macht, änderte die Regierung die Verfassung dahin gehend, dass Erdoğans Politikverbot aufgehoben werden konnte – und er wurde selbst Ministerpräsident. Fortan stärkte er den Nationalismus und den Islam im Land, sorgte aber zunächst auch für mehr Freiheiten. Er schaffte die Todesstrafe ab, investierte in die Infrastruktur und warb für einen Beitritt seines Landes zur EU.

Erst in den Jahren ab 2008, nach seinem zweiten Wahlsieg, sollte er zurück zu den Wurzeln gehen und die religiöse Rechte massiv stärken. Zunächst einmal aber öffnete er sein Land für die Welt, machte es wettbewerbsfähig und gab ihm mehr denn je einen Anstrich von Multikulturalität und Vielfalt.

Im Jahr 2005 änderte sich für uns vieles. Erdoğan hatte das türkische Strafgesetzbuch mit Blick auf einen möglichen EU-Beitritt reformiert. Es garantierte Religionsfreiheit und nicht nur das: Künftig sollte jeder, der einen anderen daran hinderte, seinen religiösen Glauben öffentlich zu bekennen, bestraft werden. Grund für das Gesetz war natürlich auch seine eigene Geschichte. Schließlich war er selbst inhaftiert worden, weil er öffentlich über Religion gesprochen hatte.

Als wir Missionare das lasen, trauten wir unseren Augen kaum. Zwar war es schon vorher geduldet gewesen, Bibeln öffentlich zu verteilen. Aber zum Beispiel das Predigen auf offener Straße war ein laizistisches Tabu. Im öffentlichen Leben sollte Religion nichts zu suchen haben, so hatte es Atatürk gewollt. Es war zwar nicht direkt verboten. Wenn es aber zu Tumulten gekommen wäre, dann hätten die Prediger wegen *Störung des öffentlichen Friedens* belangt werden können. Doch nun stand uns alles offen. Nicht mehr wir riskierten etwas, wenn wir von Jesus erzählten, sondern diejenigen, die uns davon abhalten wollten. Ganz offensichtlich hatte die Gesetzesänderung vor allem größere Freiheiten für Muslime garantieren sollen. Aber ganz unverhofft half sie auch uns Christen. Wenn ich jetzt zurückblicke, sehe ich, wie Gott am Werk war. Ich glaube, dass er selbst die Hände des türkischen Ministerpräsidenten gelenkt hat, als dieses Gesetz erlassen wurde.

Wir zögerten nicht und luden sofort einen Straßenevangelisten aus Irland namens Mickey Walker ein, der uns eine Woche lang darin trainierte, mithilfe eines Sketchboards zu predigen. Er brachte uns bei, wie wir mit Bildern und Schrift die Aufmerksamkeit der Leute in Fußgängerzonen erregen konnten. Zum Beispiel, indem wir ein Bild im Laufe einer Erzählung immer weiter ergänzten, um Spannung zu erzeugen, bis es am Ende schließlich als komplettes Bild Sinn ergab.

Wir lernten außerdem: Ein guter Weg, Menschen zu erreichen, war, Liebesgeschichten zu erzählen. Wir erzählten von einem Richter, der sich selbst eine Strafe auferlegte, um sie seiner Tochter zu ersparen, von einem König, der sein eigenes Auge opferte, um seinen schuldigen Sohn zu retten und schließlich von Gott, der uns noch mehr liebte als die Väter in diesen Beispielen. Erst am Ende des Vortrags wurde klar, dass es hier nicht um den islamischen Allah ging, sondern um Jesus.

Im Laufe der Jahre habe ich diese Geschichten wohl Hunderte Male erzählt und besonders in der Türkei die Erfahrung gemacht, dass die Leute sich nach einer solchen Liebe sehnen. Danach, dass jemand sie so sehr schätzt, dass er für sie in den Tod gehen würde. Sie wollen diese Erzählungen hören und sie können ihnen wahrlich die Augen dafür öffnen, wie Gott sie liebt.

Wir waren eine der wenigen Gruppen, die sich dazu entschieden, öffentlich zu predigen. Viele hatten Angst vor radikalen Muslimen, die gewalttätig werden könnten. Die Sorge war nicht ganz unbegründet, wie wir am eigenen Leib erfahren mussten. Im Sommer 2005 packte ich gemeinsam mit fünf Kollegen noch während des Crashkurses das erste Mal unser Sketchboard und unsere Bibeln zusammen und begab mich auf einen der großen Plätze Istanbuls. Wir wussten: Hier war viel los, die Leute kamen von der Arbeit, gingen einkaufen, bummelten durch die Straßen. Einer der vielen Häfen der Stadt lag in der Nähe, denn durch den Bosporus bewegten sich die Anwohner viel mit dem Schiff. Unser Trainer Mickey war ebenfalls dabei, um uns bei unserer Premiere unter die Arme zu greifen. Er würde predigen, ich sollte ihn übersetzen. Ich war unglaublich nervös, war mir aber auch sicher, dass genau dort auf der Straße meine Berufung lag.

Zunächst lief alles gut. Wir packten unsere Sachen aus und Mickey legte los. Die wichtigsten Schlagworte schrieb er auf Türkisch in dicken Buchstaben auf das Plakat neben uns. Nach und nach blieben tatsächlich immer mehr Leute stehen. Es funktionierte! Und sogar, als langsam klar wurde, dass es in dem Vortrag um Jesus und die Bibel ging, blieben viele da. Sie hörten uns zu! Ich fühlte mich wie ein Fisch im Wasser. Alles lief wie am Schnürchen, ich genoss es, endlich so offen über Jesus sprechen zu können, auch wenn es nur eine Übersetzung der Worte eines anderen war und obwohl wir immer wieder von lauten Rufen einiger Männer unterbrochen wurden.

Zum Ende des Vortrags trat plötzlich eine Handvoll Männer nach vorne. Sie waren zwischen dreißig und fünfzig Jahre alt und offensichtlich stinksauer. Die Männer standen im Kreis um uns herum, sodass wir nicht mehr wegkonnten. Einer fuhr mich mit finsterem Blick an: »Unsere Vorfahren haben ihr Blut vergossen, um Leute wie euch aus diesem Land zu vertreiben!« Damit spielte er wohl auf den Ersten Weltkrieg an.

Ich verstand sofort: Diese Männer waren nicht nur religiös, sondern auch noch nationalistisch. Eine schlimme Kombination für uns ausländische Missionare. Hinter uns blockierte ein Auto den Weg, ringsherum standen die Männer. Unsere Lage schien ausweglos und konnte jeden Moment eskalieren. Da erinnerte ich mich an Jesus, der einmal ähnlich bedrängt wurde.

Das Lukasevangelium erzählt davon, wie Jesus durch eine Predigt in der Synagoge eine Menschenmenge so sehr aufbringt, dass sie ihn hinausdrängt bis zu einem Steilhang. Die Lage scheint ausweglos, die versammelten frommen Juden wollen Jesus hinunterstoßen. Aber dann heißt es ohne weitere Erklärung: *Sie wollten ihn hinunterstürzen, doch er schritt mitten durch sie hindurch und ging fort* (Lukas 4,29-30).

Warum, so dachte ich, *sollten wir es nicht genauso machen?*

»Mickey, wir sollten gehen«, flüsterte ich meinem Trainer also zu. Und wir taten genau das: Hoben den Kopf, schwiegen, setzten einen Fuß vor den anderen und gingen einfach mitten durch die Menschenmenge hindurch und an den Männern vorbei fort. Niemand hielt uns auf. Sie blickten uns nur wütend hinterher.

Ein kleines Wunder. Doch es lief nicht immer so glatt.

Entsetzt sah ich, wie sich auf der braunen Hose von Abdullah ein dunkelroter Fleck ausbreitete. Schläge und Tritte überall. Unser ganzes Team nahm die Beine in die Hand und lief davon. Wir rannten um unser Leben durch die Gassen der Stadt, bis wir außer Atem vor unserem Büro ankamen. Von den Männern, die uns angegriffen hatten, war nichts mehr zu sehen. Versehrt wie wir waren, vor allem mein türkischer Kollege Abdullah, gingen wir ins Gebäude, setzten uns staubig und blutend hin und beteten.

»Gott, danke für die Ehre, hier dein Wort verkünden zu dürfen. Danke, dass du uns gerettet hast. Danke, dass du es nächste Woche wieder tun wirst.«

Wie war es zu dieser Szene gekommen? Wir hatten auf einem Platz gepredigt, ganz in der Nähe von dort, wo wir zwei Jahre zuvor unbehelligt hatten davongehen können. Noch während ich sprach, kam ein Mann auf mich zu, blaffte mich an, holte aus und versuchte, mich zu schlagen. Glücklicherweise sah ich seine Faust kommen und konnte ausweichen.

Unser Team bestand aus fünf Personen, es entstand ein kleiner Tumult. Abdullah war sofort zwischen den Angreifer und mich gegangen. Zuerst konnte er noch mit ihm sprechen und versuchte, ihn zu beruhigen. Doch als klar wurde, dass mein türkischer Freund Christ war, zog der wütende Mann ein Messer und stach ihm damit in den Oberschenkel. Abdullah fiel hin, konnte aber wieder aufstehen und versuchte, sich in Sicherheit zu bringen. Die Lage wurde immer bedrohlicher. Aus dem Augenwinkel sah ich, wie der aufgebrachte Mann, der versucht hatte, mich zu schlagen, auf meinen Freund Steve losging. Steve lag auf dem Boden, war plötzlich von einer ganzen Gruppe umringt und wehrte sich gegen Tritte und Schläge. Dann traf es auch mich: Einer der feindlichen Türken hielt plötzlich einen langen Holzstock in der Hand und holte aus. Er traf mich vier- oder fünfmal an den Oberschenkeln, sodass ich noch Wochen danach Blutergüsse hatte.

Als wir nun wieder im Büro zur Ruhe gekommen waren, sahen wir uns unsere Verletzungen genauer an. Abdullahs Hose war blutig, aber Gott sei Dank wurde schnell klar, dass der Stich nur oberflächlich war. Aus Steves Nase tropfte Blut, aber es schien nichts gebrochen zu sein.

Später würden wir zur Polizei gehen, dort aber wenig Aufmerksamkeit für den Angriff bekommen. Die Behörden glaubten uns nicht. Und das, obwohl die Polizeistation nur etwa hundert Meter von dem Ort entfernt lag, wo sich die Angriffe abgespielt hatten. Wir wurden im Laufe der späteren Jahre immer wieder angegriffen, doch keiner dieser Fälle wurde je verfolgt. Hätte es für uns einen Unterschied gemacht? Wohl kaum.

Es mag komisch klingen, aber als wir in unserem Büro in Sicherheit waren und miteinander beteten, freuten wir uns fast über diesen Übergriff. Die Bibel berichtet davon, wie Gläubige verfolgt und geschlagen werden. Es kam uns wie ein Vorrecht vor, dass wir selbst erleben durften, wie wir unser Leben für Gott einsetzten und die Früchte ernteten, mochten sie auch manchmal schmerzhaft sein.

Ich verstehe dennoch jeden, dem solche Erlebnisse Angst machen. Einer unserer Mitarbeiter ging nach diesem Vorfall nie wieder mit uns auf die Straße. Es machte mich traurig, aber ich akzeptierte es. Ich und viele andere entschieden uns dennoch dafür, die Angst nicht siegen zu lassen. Eine Woche später standen wir wieder auf einem anderen Platz in Istanbul und erzählten von Jesus.

Das klingt nun, als seien alle diese Straßeneinsätze ein Spiel mit unserem Leben gewesen. Ja, es war manchmal gefährlich. Aber es war auch viel mehr als nur das. Wir erlebten, wie wir die Menschen tatsächlich erreichten. Manche wurden neugierig und fragten nach, sodass ich Kontakte zu Gemeinden vermitteln konnte. Und andere unterstützten uns sogar!

Da war etwa dieser Rechtsanwalt und Atheist, der mir eines Tages auf der Straße zuhörte. Am Ende meines Vortrages kam eine Gruppe halbstarker Jugendlicher auf mich zu und pöbelte herum: »Die Bibel ist doch ohnehin eine Lüge«, sagten sie.

Familie Byle (v. l.): David, Mutter Jeannie, Bruder Warren, Vater Bill und Schwester Carma.

Ulrike im Jahr 1993/1994
in einem traditionellen
turkmenischen Hochzeitskleid

David mit
einem traditionellen
turkmenischen Hut
etwa im Jahr 1995 beim
Besuch eines Marktes
in Aschgabat

Ulrike und David
als Paar
in Turkmenistan

Verlobungsfoto in Aschgabat
nach turkmenischer Tradition:
Die Verlobten schauen ernst

Ulrike und David am Tag der Hochzeit in Öschelbronn

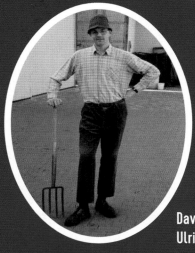

David vor
Ulrikes Elternhaus

Johannes ist geboren!

Neuanfang: David und Ulrike mit Baby Johannes in Istanbul

Papa David mit Johannes in der Türkei

Ulrike im Jahr 1999 in Bursa, Türkei

Die immer größer
werdende Familie Byle
im Jahr 2003

Amy, Daniel und
Mutter Ulrike (v. l.)
beim Lesen

Ulrike backt Kekse
mit den Kindern

Die Beisetzung von Tillmann Geske in Malatya 2007

Blumen, Gebete und Trauer:
Tillmann Geskes Beerdigung

David predigt 2007 in Ankara auf der Straße

Straßen-
evangelisation im
Rotlichtviertel
Istanbuls, Aksaray,
im Jahr 2009

Familie Byle im Jahr 2009

David beim Vorlesen im Jahr 2009

Esther bei der Kartoffelernte in Öschelbronn im Jahr 2009

Isa bedeutet auf Türkisch Jesus: David beim Verteilen von Gottesdienst- einladungen in Istanbul

David predigt 2011 den wartenden Besuchern
einer orthodoxen Kirche nahe Istanbul

Familie Byle im Jahr 2011

Ulrike und David 2013
in Sultanahmet,
der Altstadt Istanbuls

Familie Byle
im Jahr 2014

Ulrike und David 2014

Winterspaziergang 2016

David und Ulrike
2021 in Berlin

Straßeneinsatz
in Berlin, Ulrike
im Gespräch

David an
Ostern 2022
in Berlin

Familie Byle auf dem Balkon ihrer Wohnung in Istanbul

Byles mit ihren
fünf Kindern 2005

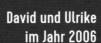

David und Ulrike
im Jahr 2006

Familie Byle
im Juli 2007

Diese Jungs waren sicherlich nicht gefährlich, aber sie wollten eben ein bisschen provozieren. Ich öffnete den Mund, um zu antworten, da sprang dieser Mann, den ich nicht kannte, für mich in die Bresche und wies die Gruppe zurecht. Er erklärte den jungen Männern, warum sie im Unrecht waren. Das Gespräch dauerte mindestens zehn Minuten und ich stand nur daneben, schwieg und staunte. Am Ende zogen die Jugendlichen nachdenklich ab.

Ich dankte dem Mann und er erzählte mir seine Geschichte: Jahrelang hatte er als Rechtsanwalt für einen katholischen Geistlichen in Istanbul gearbeitet.

»Ich glaube nicht an das, was du glaubst«, gestand er mir. »Aber ich werde bis zum Tod verteidigen, dass du in meinem Land das Recht hast, davon zu erzählen.«

Er bot mir sogar an, mich kostenlos zu vertreten, wenn ich einmal vor Gericht landen sollte. Dazu kam es nicht, aber wir stehen noch heute in Kontakt.

So erlebten wir immer wieder kleine Wunder, wenn wir auf die Straße gingen. Dennoch: Kaum jemand bekehrte sich dort vor unserem Sketchboard. Dafür waren unsere Begegnungen zu kurz. Außerdem ist es für Menschen in muslimischen Ländern nicht einfach, einen anderen Glauben anzunehmen. Ich kenne bekehrte Christen, die deshalb ihren Job verloren haben. Zwar war es dem Arbeitgeber offiziell verboten, Mitarbeitern wegen ihres religiösen Bekenntnisses zu kündigen. Aber sie taten es dennoch. Wer in der Türkei Christ wird, kann seinen Freundeskreis verlieren oder aus seiner Familie ausgeschlossen werden. Oder körperliche Gewalt erfahren.

Ich erwartete also nicht, dass die Leute öffentlich auf die Knie fielen und sich zu Jesus bekannten. Aber ich war mir sicher, dass wir dort in den Fußgängerzonen Samen einpflanzten, die jederzeit aufgehen konnten, sei es innerhalb einer Woche oder nach zehn Jahren.

———

Flüche und Drohungen, wie wir sie auf der Straße erlebten, sogar Todesdrohungen, waren auch im Büro des Bibelkorrespondenzkurses in Istanbul relativ häufig zu hören. Die meisten kamen per E-Mail, einige per Telefon. Normalerweise ignorierten wir sie oder beteten zu Beginn eines jeden Arbeitstages gemeinsam für die, die sie geschickt hatten. Diese Dinge überraschten uns nicht und wir trösteten uns mit dem Wissen, dass Jesus, Paulus und die frühe Kirche mit ähnlichen und schlimmeren Anfeindungen konfrontiert gewesen waren.

Vieles, was bei uns ankam, waren leere Drohungen, aber wir wussten, dass sie auch ernst gemeint sein konnten. Eines Tages etwa traf sich Murat, einer unserer Mitarbeiter, mit einem Interessierten zu einem Tee. Er kannte den Mann schon von einigen Gesprächen zuvor, doch an diesem Tag sollte alles anders kommen. Ganz plötzlich zog der Mann ein Messer, hielt es Murat an die Kehle und zwang ihn, das Büro zu verlassen. Er ging mit ihm hinunter zum belebten Hafen.

Murat hatte Todesangst, er wusste nicht, ob der Mann ihn nur bedrohte, um ihm Angst zu machen, oder ob er ihm etwas antun wollte. Natürlich erregten die beiden die Aufmerksamkeit der Passanten. Um sie herum sammelte sich eine Menge von Schaulustigen, die alles filmten. Schließlich traf die Polizei ein und sorgte dafür, dass der Angreifer Murat gehen ließ.

Was andere dazu gebracht hätte, künftig aus Angst nicht mehr von Jesus zu erzählen, beeindruckte Murat wenig. In den Wochen und Monaten danach machte er genauso weiter wie bisher.

Eines späten Abends, es war einige Jahre nach den ersten Angriffen auf der Straße, erhielt ich einen Anruf von Volkan, meinem Kollegen aus dem Bibelkorrespondenzkurs. »David, die Polizei hat mich gerade angerufen. In unserem Büro ist ein Feuer ausgebrochen. Die Feuerwehr hat es gerade gelöscht, jetzt ist alles nass.«

Es hatte einen Brandanschlag auf das Stockwerk direkt unter unserem Büro gegeben. Und ganz offensichtlich war es kein Unfall gewesen, denn jemand hatte mit einem Brecheisen die Stahltür des Hauses aufgebrochen. Zeugen hatten gesehen, wie ein Verdächtiger das Gebäude verlassen hatte, kurz bevor das Feuer sichtbar wurde.

Durch den Rauch und die Wassermassen aus den Schläuchen der Feuerwehr wurden weit mehr Bücher zerstört als durch das Feuer selbst. Tausende gingen verloren und die, die gerettet werden konnten, stanken nach Rauch. Doch wir erlebten: Gott nutzte dieses Ereignis, um uns Verantwortlichen klarzumachen, dass wir umziehen sollten. Wir brauchten ohnehin größere Räume. Und es kamen so viele Spenden zusammen, dass wir einige Monate später ein eigenes Bürogebäude kaufen konnten.

Die Dinge entwickelten sich schnell. Wir renovierten, zogen um, richteten uns ein. Kurz nach unserem Einzug führte die Stadt in einem nahe gelegenen Kanal Bauarbeiten durch – und das, obwohl ein Regensturm angekündigt war! An diesem Abend gab es in Istanbul ein riesiges Gewitter und der Kanal schwoll bis zum Rand an. Die Baumaschinen wurden weggeschwemmt, blieben dann aber unter einer Brücke stecken, wodurch der Wasserfluss blockiert wurde und der Fluss über die Ufer trat. Das umliegende Viertel wurde überschwemmt.

Nur wenige Stunden zuvor hatten wir den Umzug der gesamten Literatur aus dem alten Büro in den Keller des neuen Gebäudes abgeschlossen. Nun schwammen all diese Bücher in fünfzig Zentimeter tiefem Wasser.

Mein Kollege Bayram rief mich in der Nacht an und berichtete mir alles. Als ich ankam, fand ich Bayram vor, der verzweifelt versuchte, Einrichtungsgegenstände und Bücher vor der Überschwemmung zu retten, aber es war vergeblich. Das Wasser stieg immer weiter. Nicht nur wir, auch die ganze Nachbarschaft versuchte, ihr Hab und Gut zu schützen. Bayram und ich arbeiteten die ganze Nacht hindurch. Die Überschwemmung ging langsam zurück, aber unser Keller war voller Wasser. Irgendwann pumpte die Feuerwehr den Keller leer. Aber für die meisten Bücher war es schon zu spät.

»Ist das nicht ein schlechtes Omen?«, fragte einer unserer neuen Nachbarn und kam auf mich zu. »Genau an dem Tag, an dem ihr einzieht, haben wir eine Überschwemmung, wie wir sie hier noch nie hatten.«

»Ganz und gar nicht«, entgegnete ich ihm. »Allein die Tatsache, dass das passiert ist, zeigt, wie wichtig es ist, dass wir trotz aller Widrigkeiten weitermachen.«

Denn ich wusste, wir waren nicht die Ersten, die durch Feuer und Überschwemmungen gingen. Schadrach, Meschach und Abednego, die Freunde Daniels in der Bibel, überlebten durch Gottes Wunder in einem Feuerofen, weil sie ihn nicht verleugnen wollten. Noah und seine Familie überlebten die Sintflut. Und sie alle wussten, was wir selbst tief im Inneren spürten: Unser Gott ist mit uns inmitten der Schwierigkeiten, inmitten des Feuers und der Flut.

Ulrike: Ich kann mich gut daran erinnern, als David begann, öffentlich zu predigen, und das aus mehreren Gründen.

Der erste ist, dass ich spüren konnte, wie sehr das Verkündigen des Evangeliums Davids Leben bereicherte. Es war so eindeutig seine Berufung. Von den Straßeneinsätzen kam er jedes Mal erfüllt und glücklich nach Hause – trotz der Angriffe, die er auch erleben musste. Ich sah: David brauchte den öffentlichen Auftritt für Jesus wie die Luft zum Atmen. Deshalb habe ich ihn immer darin unterstützt. Sogar, als er verprügelt nach Hause kam.

Als ich die blauen Flecken sah, erschrak ich furchtbar. An diesem Tag wurde mir deutlich, dass unsere Arbeit Folgen haben konnte. Dass sie uns unsere Freiheit und sogar unsere Gesundheit kosten konnte. Seitdem war ich immer wieder besorgt, wenn David auf die Straße ging. Ich fragte mich, was ich machen würde, wenn er eines Tages nicht nach Hause käme. Wenn David umgebracht würde. Trotz meiner Angst war mir aber immer klar: Für uns als Familie gab es keinen anderen Weg. Der missionarische Dienst war unsere Berufung.

Ein zweiter Grund, warum mir diese Zeit stark in Erinnerung geblieben ist, war für mich fast noch belastender. Denn dass David nun öffentlich predigte, war keinesfalls unumstritten. Es gab eine große Debatte unter den Missionaren in der Türkei, ob man diese neue Freiheit überhaupt wahrnehmen sollte.

Dazu muss man verstehen, dass wir Missionare mehr oder weniger undercover in der Türkei arbeiteten. Wir sagten nicht frei heraus, dass wir das Evangelium verbreiteten, und selbst wenn wir uns nur untereinander unterhielten, benutzten wir das Wort Missionar nicht. Wir kürzten es einfach mit M ab. Wir waren die M's. Wenn es eine Taufe gab, dann sprachen wir nicht dieses Wort aus, sondern sagten, wir hätten ein Badefest. Und so weiter. Wir wollten diejenigen, die neu zum Glauben kamen, schützen. Sie wären unter Umständen Repressionen ausgesetzt gewesen, wenn herausgekommen wäre, dass sie sich dem Christentum zugewandt hatten.

Wesentlicher aber für diese Undercover-Arbeit war ein anderer Grund: Niemand von uns hatte ein Missionarsvisum. So etwas gab es damals in der Türkei nicht. Wir und unsere Kollegen arbeiteten mit Touristenvisa und reisten regelmäßig aus, um sie erneuern zu lassen, bis sich die Regelung schließlich änderte und wir dauerhaft eine Aufenthaltsgenehmigung erhielten. Wegen all dieser Gründe hielten wir unseren wahren Aufenthaltsgrund geheim und sprachen nur mit Vertrauten darüber. Zumindest waren wir dazu angehalten.

David genoss es viel zu sehr, über seinen Glauben zu sprechen, als dass er in der Lage gewesen wäre, darüber zu schweigen. Auch in Gesprächen mit meinen Nachbarn kam das Thema immer mal wieder auf. Und wie hätte ich lügen können, wenn mich eine Nachbarin fragte, ob es stimme, dass mein Mann Missionar sei? So wusste zumindest jeder in unserer Nachbarschaft, wer wir waren, und ich war frei, ich selbst zu sein. Tatsächlich begegneten uns die meisten unserer Bekannten dennoch mit Respekt. Trotz oder vielleicht auch wegen unseres offenen Umgangs mit unserem Hintergrund.

Für David stand sofort fest, dass er öffentlich predigen würde. Aber quer durch die christliche Gemeinschaft vor Ort zog sich seit 2005 ein Streit darüber, ob wir Ausländer nun öffentlich auftreten sollten oder nicht.

Ich selbst stand zwischen den Stühlen. Einerseits fand ich es einleuchtend, dass wir uns und unsere Mitmissionare schützen mussten. Ich selbst war und bin keine Predigerin. In der Türkei wie auch in allen anderen Ländern, in denen ich als Missionarin war, ging ich eher den Weg, persönliche Kontakte zu knüpfen, um dann von meinem Leben zu erzählen und zu hoffen, dass meine Nachbarn und Freunde Geschmack an dem fänden, was Jesus bei mir bewirkt hatte. Ich wollte ihnen vorleben, was das Christentum für tolle Nachrichten bereithielt. Das ging für mich besser bei einem Glas Tee als in einer Fußgängerzone in Istanbul.

Doch ich lernte auch zu schätzen, was David tat. Ich sah seinen Enthusiasmus, seine Freude daran, gute Nachrichten in die Welt zu bringen, wo auch immer er war. Das konnte er freilich nur tun, weil wir in einer Großstadt lebten. Missionare in kleineren Orten würden immer eher den Weg gehen, der mir lag: Beziehungen knüpfen, statt öffentlich zu predigen. Denn in Orten, wo jeder jeden kannte, könnte es sich kein Türke erlauben, bei einem christlichen Prediger stehen zu bleiben. Sein Ruf wäre ruiniert gewesen. In Istanbul hingegen war das kein Problem. Die Anonymität machte es David möglich, so zu arbeiten, wie er es sich immer gewünscht hatte. Und man konnte nicht umhin zu sehen, dass das Frucht brachte!

Ein türkischer Mitarbeiter des Bibelkorrespondenzkurses berichtete mir einmal, wie sehr es ihn beeindruckt habe, David zum ersten Mal auf der Straße predigen zu sehen. Damals kannten sich die beiden noch gar nicht, er war aber bereits Christ und ging zufällig vorbei. Als er hörte, dass David über das Evangelium sprach, blieb er stehen und war tief bewegt. Ihm wurde klar: Wenn dieser Ausländer mit seinem schlechten Türkisch das kann, dann kann ich das erst recht! Diese Begegnung hatte sein Leben verändert. Und so hat David sicherlich viele Leben bewegt. Er hätte das nicht tun können, wenn er nicht öffentlich aufgetreten wäre. Trotz aller Widrigkeiten.

Mir war klar, dass David nicht langfristig hätte undercover arbeiten können. Ich konnte und wollte ihn nicht vom Predigen abhalten. Nein, den Weg, den wir nun beschritten hatten, würden wir auch weitergehen. Es gab keine Alternative.

Ab und an bekam auch ich die Konsequenzen von Davids öffentlichem Dienst zu spüren. Eines Tages kam eine Nachbarin ganz aufgeregt zu mir und berichtete, dass die Polizei im Haus gewesen sei und die Bewohner nach uns ausgefragt habe. Es schien so, dass das Predigen jetzt zwar erlaubt war, wir aber aufmerksam beobachtet wurden. Ähnliches hatten wir bereits in den ehemaligen Sowjetstaaten erlebt: Nur, weil sich Gesetze änderten, tat das nicht automatisch gleich auch der ganze Staat und erst recht nicht die Gesellschaft. Alles brauchte Zeit.

Meine Nachbarin jedenfalls reagierte damals gelassen.»Seid vorsichtig«, sagte sie nur zu mir.

Ich war fest davon überzeugt, dass sie der Polizei nichts Negatives über uns erzählt hatte. Keiner meiner Nachbarn hatte mich jemals wegen meines Glaubens oder meiner Arbeit angegriffen oder beleidigt. Vielleicht, weil viele von ihnen über die Jahre zu unseren Freunden geworden waren.

Aber um ehrlich zu sein, hatte ich auch gar keine Zeit, mir zu viele Gedanken über unsere Arbeit und die Gefahren, die eventuell auf uns lauern könnten, zu machen. 2005 war das Jahr, in dem Daniel geboren wurde, unser fünftes Kind. Johannes war mittlerweile sechs Jahre alt und ging in die Schule. Rebecca war fünf, Esther vier und Amy zwei. Meine Welt war anders als Davids. Ich saß in keinem Büro, ging nicht auf die Straße. Ich kümmerte mich vierundzwanzig Stunden am Tag um meine Kinder.

Mein Tag begann früh am Morgen. Na ja, eigentlich sogar schon nachts, denn das neugeborene Baby wollte gestillt werden. Ich wachte also bereits müde auf. Dann wickelte ich Daniel und Amy, bereitete Frühstück für alle zu und schon ging es nach draußen. Ich zog die kleineren Kinder an, während sich die Großen allein fertig machten. Dann schnallte ich mir das Baby auf den Rücken, nahm Amy an der Hand und die anderen drei folgten mir durch den Hausflur nach draußen.

Wir müssen wie eine kleine Entenfamilie ausgesehen haben, die gemeinsam durch die Straßen watschelte. Zusammen brachten wir alle Johannes zu Fuß in die Schule und lieferten anschließend Rebecca und Esther im Kindergarten ab. Mit Amy und Daniel ging es dann zurück nach Hause, wo ich mit den beiden spielte und nebenbei mehr schlecht als recht meinen Haushalt erledigte. Mittags ging es dann für alle wieder zum Kindergarten und zur Schule, um die Größeren abzuholen. Wir aßen zu sechst zu Mittag. Mit Johannes machte ich dann die türkischen Hausaufgaben und unterstützte ihn zugleich bei den Aufgaben der deutschen Fernschule, wo er zusätzlich angemeldet war. Am Nachmittag kam immer mal wieder eine Nachbarin zum Tee vorbei. Nebenbei kochte ich Brei, legte die Kleinen wieder zum Schlafen hin oder sorgte dafür, dass keinem langweilig wurde.

Um es kurz zu machen: Meine Tage und die Nächte waren voll. Ich hatte kaum Zeit zum Durchatmen, geschweige denn zum Grübeln. Bei allem, was in den vor uns liegenden Jahren über uns hereinbrechen sollte, war das vielleicht ein Segen.

DIE MORDE VON MALATYA

2007

David: Am 18. April 2007 stand ich wie so oft mit einer Gruppe von Missionaren im Gezi-Park in Istanbul und erzählte den Passanten von Jesus. Es hatte geregnet an diesem Tag, deshalb hatten wir unser Sketchboard nicht dabei. Trotzdem waren einige Leute unterwegs und blieben sogar bei uns stehen. Plötzlich klingelte mein Telefon. Ich nahm ab und verstand zuerst kaum ein Wort. Eine türkische Mitarbeiterin von uns war am anderen Ende, ich hörte nur ihr Schluchzen und irgendwann die Worte:»Tilmann, Necati, Uğur, sie sind alle tot!«

Je länger sie sprach, desto mehr verstand ich: An diesem regnerischen Frühlingstag in der Türkei war ein Albtraum wahr geworden. Fünf Männer hatten ein Blutbad angerichtet. Rund tausend Kilometer östlich von mir, in der eher ländlichen Stadt Malatya, hatte sich die Welt für einen Augenblick aufgehört zu drehen.

In den Tagen darauf konnte es jeder überall auf der Welt in der Zeitung lesen, im Fernsehen anschauen oder im Radio hören: Drei christliche Missionare waren brutal ermordet worden. Behörden und Journalisten bemühten sich, alles zu rekonstruieren. Der Ablauf stellte sich wie folgt dar:

Um die Mittagszeit besuchen zwei Türken die Büroräume des christlichen Zirve-Verlags in Malatya: Emre Günaydin und Abuzer Yildirim. Nach allem, was heute bekannt ist, geben die damals Anfang-Zwanzigjährigen vor, am christlichen Glauben interessiert zu sein. Necati Aydin, muslimischer Konvertit und Missionar, hat sich schon in den Wochen zuvor mehrmals mit den beiden Männern getroffen. Gegenüber seiner Frau hat er zwar Zweifel an den ehrlichen Motiven der beiden Gäste geäußert. Doch er will die Chance nicht ungenutzt lassen, Menschen von Jesus zu erzählen. Sein Kollege Uğur Yüksel, ebenfalls Konvertit und Missionar, soll das Gespräch am 18. April begleiten.

An diesem Tag arbeitet auch der deutsche Missionar Tilmann Geske im Büro. Der schüchtern wirkende Deutsche mit dunkelblondem Schnauzbart und unscheinbarer eckiger Brille will wie in den Tagen zuvor weiter an seiner türkischen Übersetzung einer Studienbibel arbeiten. Weder Aydin noch Yüksel oder Geske sind besonders in der Öffentlichkeit stehende Missionare. Sie predigen nicht auf der Straße, sprechen die Leute nicht impulsiv an, drängen niemandem den Glauben auf. Seine Frau Susanne beschreibt Tilmann als ruhigen, fast schüchternen Mann mit sportlichem und musikalischem Talent. Er liebt das Backen, vor allem aber seine Frau und seine drei Kinder. Als er am Morgen des 18. April seine Strickjacke über den Bürostuhl im Zirve-Verlag hängt, ahnt er nicht, dass er seine Familie nie wiedersehen wird.

Denn die türkischen Besucher der Missionare entpuppen sich bald als das, was sie wirklich sind: gefährliche Attentäter, die ihre Verbrechen von langer Hand geplant haben. Nur kurz nachdem die Gäste angekommen sind, tauchen drei weitere Männer im Büro auf: Cuma Özdemir, Hamit Çeker und Salih Gürler. Sie haben Seile, Messer, Schreckschusspistolen und Plastikhandschuhe dabei. Damit überfallen sie Tilmann, Necati und Uğur, bedrohen sie mit ihren Waffen und schlagen sie brutal zusammen. Dann verschließen sie die Türen des Bürogebäudes von innen, packen ihre Opfer und fesseln sie an Händen und Füßen. Dutzende Male stechen sie auf sie ein, allein Tilmann erleidet fünfzehn Stiche in Brust und Unterleib. Der spätere Obduktionsbericht spricht von Folter. Tilmann stirbt schließlich an inneren Blutungen und Blutverlust – die Mörder haben ihm und seinen Kollegen die Kehlen durchgeschnitten.

Unterdessen erreicht ein weiterer Verlagsmitarbeiter das Gebäude: Gökhan Talas. Dass er sich an diesem Tag auf der Arbeit verspätet, rettet ihm vermutlich das Leben. Talas rüttelt an der Tür, doch sie lässt sich nicht öffnen. Er versucht, seine Kollegen am Telefon zu erreichen, niemand nimmt ab. Schließlich verständigt er die Polizei. Als diese schließlich eintrifft und die Türen mit Gewalt öffnet, findet sie ein Blutbad vor. Drei der Mörder stehen noch bewaffnet direkt am Tatort, zwei versuchen zu fliehen, die Polizei nimmt sie ebenfalls fest, bevor sie entkommen können. Tilmann und Necati sind zu diesem Zeitpunkt bereits tot, Uğur erliegt später im Krankenhaus seinen Verletzungen.

Im Rahmen der Ermittlungen finden die Beamten handgeschriebene Zettel bei den Tätern: *Wir sind Brüder. Wir gehen in den Tod, wir werden vielleicht nicht wiederkehren. Wenn wir sterben, werden wir zu Märtyrern, diejenigen, die überleben, sollen den anderen helfen. Gebt uns euren Segen. Wir fünf sind Brüder, wir gehen in den Tod, wir werden vielleicht nicht wiederkehren.*[3]

Von Beginn des Prozesses an lag der Verdacht nahe, dass es sich bei den Tätern um Islamisten handelte. Doch ganz sicher ist das bis heute nicht. Die Opferanwälte recherchierten in alle Richtungen, stießen auf Hinweise, dass die Taten Folge einer breit angelegten Verschwörung waren. Nationalisten, so vermuteten sie, wollten Erdoğan schwächen, indem sie gezielt Christen töteten und die

Morde islamistisch aussehen ließen. 2007 stand die Türkei vor Beitrittsverhandlungen mit der Europäischen Union. Islamistische Attentate passten kaum ins Bild eines weltoffenen, nach Westen orientierten Landes, wie der Ministerpräsident es repräsentieren wollte. Zu dieser Theorie passte ein weiteres Verbrechen, das sich nur wenige Monate zuvor mitten in Istanbul abgespielt hatte: Der türkisch-armenische Journalist Hrant Dink war auf offener Straße erschossen worden.

Die Prozesse zogen sich in die Länge: Erst knapp zehn Jahre später, am 28. September 2016, verurteilte ein türkisches Gericht die fünf Täter zu jeweils dreimal lebenslanger Haft. Dem Urteil nach hatten sie aus nationalistischen und islamistischen Motiven gehandelt.

Da stand ich am 18. April 2007 in einem türkischen Park und konnte nicht glauben, was gerade geschehen war. Mord und Tod hatten Einzug gehalten in das Leben ausländischer Missionare in der Türkei.

Ich kannte Tilmann, Necati und Uğur nicht persönlich. Aber mein österreichischer Kollege Gernot hatte geplant, im April nach Malatya zu fahren, um mit Tilmann über eine Kirchengründungsarbeit zu sprechen. Er hatte sich in den Tagen zuvor mehrfach mit ihm ausgetauscht und schon die Flugtickets nach Malatya gekauft. Je länger wir darüber nachdachten, desto klarer wurde für Gernot und mich: *Wir müssen nach Malatya gehen. Wir müssen dort sein und unseren Geschwistern beistehen.*

Es dauerte nicht lange, da stand fest, dass wir Gernots Flugtickets nutzen würden. Nicht, um Gespräche über Kirchengründungen zu führen. Aber wir könnten bei der Beerdigung Tilmanns dabei sein. Denn seine Frau Susanne hatte entschieden, dass er nicht in Deutschland, sondern dort in der Türkei, in der Stadt Malatya, beigesetzt werden sollte.

Es war nicht das einzig Bemerkenswerte, das diese Frau tat. Susanne Geske ist eine wahre Heldin. Als sie nur wenige Stunden nach den Morden im türkischen Fernsehen zum Tod ihres Mannes interviewt wurde, bekannte sie ihren Glauben in einer Weise, die vielen Menschen auf der ganzen Welt mitten ins Herz sprach und die Türken aufrüttelte.

»Ich habe keinerlei Rachegedanken«, sagte sie. Was Jesus am Kreuz über seine Peiniger gesagt habe, wolle auch sie über die Mörder ihres Mannes sagen: »Herr, vergib ihnen, denn sie wissen nicht, was sie tun.«[4]

Christliche, aber vor allem auch säkulare Medien weltweit berichteten darüber. Susanne, da bin ich mir sicher, hat die Welt mit ihrem Bekenntnis auf Jesus hingewiesen. In allem Leid und Schmerz hat diese Witwe mit drei Kindern Gott bekannt. Und sie hat vor allem den Muslimen gezeigt, was Vergebung bedeutet. Denn viele von ihnen sehen Vergebung als eine Art Schwäche. Susanne hat gezeigt, dass sie in Wahrheit eine Stärke ist. Eine gottgegebene Stärke.

Sie blieb auch, nachdem sich der Rummel gelegt hatte, mit ihren Kindern in der Türkei. Sie sei mit einem Auftrag nach Malatya gekommen und der sei noch nicht erfüllt, begründete sie dies öffentlich. In einem 2008 erschienen Buch wird sie zitiert: »Ich möchte, dass die Menschen hier die Botschaft von Jesus hören. Ich möchte ihnen gern erklären, dass die Stärke, die sie in mir sehen, gar nicht aus mir selbst kommt; es ist die Stärke des Herrn und die Tatsache, dass Menschen für mich beten.«[5]

Den Tag der Beerdigung werde ich nie vergessen. Christen aus der ganzen Türkei reisten dorthin. Die Medien waren überall. Kameras und Reporter standen an den Straßenecken und auf den Dächern von Gebäuden ringsum, um die Welt über das zu informieren, was in Malatya geschah. Susanne Geske berichtete später, dass eine Polizeieinheit den Zugang zum Friedhof räumen musste, so groß war der Andrang und das Interesse der Öffentlichkeit.

Das war natürlich überhaupt nicht im Sinne der türkischen Regierung. Die Autoritäten hätten die dramatischen Geschehnisse am liebsten unter den Teppich gekehrt. Aber spätestens seit Susanne Geske erklärt hatte, sie wolle ihren Mann in der Türkei beerdigen, war klar: Die Aufmerksamkeit würde bleiben.

Es war nicht ganz einfach gewesen, einen Friedhof zu finden, wo Tilmann beerdigt werden konnte. Ein muslimischer kam nicht infrage. Die Familie fand schließlich einen Platz für ihn auf einem christlich-armenischen Friedhof. Der Ort war völlig verwildert, denn die meisten Armenier hatten die Türkei Anfang des 20. Jahrhunderts nach den Massakern verlassen. Seit Jahrzehnten war hier niemand mehr begraben worden. Ein Großteil der im Land verbliebenen Armenier lebte in Istanbul. Die Einrichtung wurde also kaum noch genutzt und war entsprechend wenig instand gehalten.

Gernot und ich standen schließlich mit etwa einhundertfünfzig anderen Menschen am Grab unseres Bruders zwischen wilden Hecken und zugewachsenen Grabsteinen. Jeder, der wollte, durfte mit einer Schaufel Erde auf den Sarg geben, denn in der Türkei ist es oft so, dass die Beerdigungsgäste die Verstorbenen begraben. Es dient als Zeichen des Respekts vor den Verstorbenen. Die Friedhofsmitarbeiter tun am Ende nur noch das Nötigste, um den Sarg ganz unter der Erde verschwinden zu lassen.

Um uns herum weinten so viele Menschen. Und so viele Christen lobten Gott in ihren Beerdigungsreden und bekannten ihren Glauben. Alles vor den Fernsehkameras der Welt, denn die ganze Beisetzung wurde im Fernsehen übertragen. Allein in der Türkei waren die Malatya-Morde eine Woche lang das Titelthema fast jeder Tageszeitung.

Wir reisten anschließend noch weiter zu Necatis Beerdigung in Izmir. Sie fand einige Tage später statt, weil seine Überreste erst dorthin überführt werden mussten. Das gab uns die Möglichkeit, beiden Männern die letzte Ehre zu erweisen. Izmir ist wesentlich größer als Malatya, deshalb kamen noch einmal mehr Gäste zu der Beisetzung. Ich erinnere mich an einige Nationalisten, die am Straßenrand standen und gegen Missionare pöbelten. Zum Glück war das nicht die gängige Reaktion der Türken. Stattdessen stellen sich viele, viele Türken hinter Susanne und ihre Familie. Sie sprachen sich laut für das Recht auf Religionsfreiheit aus und zeigten Solidarität für uns Missionare.

Es klingt paradox, aber die schrecklichen Verbrechen von Malatya haben das Ansehen christlicher Missionare in der Türkei wahnsinnig verbessert. Die türkische Gesellschaft veränderte sich langsam. Den Türken wurden zwei Dinge bewusst: Zum einen sahen sie, dass es Missionare in ihrem Land gab. Unsere Arbeit rückte in ihr Aufmerksamkeitsfeld. Zum anderen dachten viele wohl zum ersten Mal darüber nach, ob sie dafür waren, dass Christen oder auch Menschen anderer Religionen sich in ihrem Land frei zu ihrem Glauben äußern dürften. Und die meisten beantworteten diese Frage für sich mit Ja! In den Tagen nach den Attentaten erlebte ich es mehrere Male, dass türkische Bekannte zu mir kamen und sich für die Taten ihrer Landsleute entschuldigten. Es ist kaum vorstellbar, aber das ganze Land war in Trauer um diese drei getöteten Christen. Nicht, weil viele sie zuvor gekannt hätten. Sondern weil die Verbrechen die Seelen der Türken berührten. Weil sie ihre Identität hinterfragten und die Art, wie sie leben wollten.

———

Was mich selbst anging: Ich stand gemeinsam mit meinen Kollegen eine Woche nach den Morden wieder auf der Straße und predigte Jesus. Nichts hätte uns davon abhalten können. Wir taten es, um Solidarität mit unseren gefallenen Geschwistern zu zeigen. Wir waren stolz darauf, als Christen in einem Land der Bibel, der Türkei, auf der Straße zu stehen und dasselbe zu tun wie Paulus zweitausend Jahre zuvor. Es war ein Vorrecht. Und Gott war mit uns auf der Straße.

Ob ich Angst hatte? Nein. Hätte ich den Eindruck gehabt, dass die Gesellschaft sich gegen uns gewendet hätte, wäre das vielleicht anders gewesen. Aber weil sich so viele gegen die Gewalt stellten, hatte ich fast den Eindruck, als wären wir sicherer als zuvor. Das Interesse an unserer missionarischen Arbeit war auch spürbar gewachsen. Bei unserem ersten Einsatz nach den Morden blieben viel mehr Fußgänger bei uns stehen, sprachen mit uns über das Geschehene und fragten, wie es uns nun gehe. Sie stellten sich im wahrsten Sinne des Wortes an unsere Seite.

Das war der eine Grund, warum ich mich nicht fürchtete. Der andere war viel simpler: Necati, Uğur und Tilmann waren keine Straßenmissionare gewesen. Sie hatten eine andere Arbeit gemacht als wir, hatten weniger in der Öffentlichkeit gestanden, waren zurückhaltender und leiser gewesen. Und dennoch hatte es sie ihr Leben gekostet. Sie waren zu Märtyrern geworden. Was also hätte ich nun tun sollen? Mit allem aufhören, weil es gefährlich sein könnte? Das wäre ja die einzig mögliche Konsequenz gewesen: sich komplett zurückzuziehen. Das wäre für mich niemals infrage gekommen. Ich war Missionar mit meinem ganzen Herzen. Und das würde ich bleiben.

Vereinzelt gab es damals auch innerhalb der Missionsorganisationen in der Türkei Überlegungen, ob sich die Arbeit nun ändern müsste. Manche Missionare hatten Angst davor, weiterzuarbeiten. Aber soweit ich es weiß, hat sich keine der Organisationen dafür entschieden, ihre Arbeit einzustellen oder zu verändern. Wir würden weiter tun, was Jesus getan hatte: Gottes Wort predigen. In dem Wissen, dass das auch gefährlich werden konnte. Aber auch in dem Wissen, dass meine türkischen Freunde hinter mir standen, obwohl sie einen anderen Glauben hatten. Und weil Necati, Uğur und Tilmann es so gewollt hätten.

Ulrike: »Ulrike, es ist jetzt Zeit, dass ihr heimkommt. Ihr wolltet Kinder und müsst jetzt auch an sie denken.«

Meine Mutter war am Telefon, nur wenige Tage nach den Morden an Tilmann, Uğur und Necati. Ich wusste nicht, was ich darauf sagen sollte. So hatte ich die Sache noch nie betrachtet. Wir? Zurück nach Deutschland? Nach allem, was wir uns in der Türkei aufgebaut hatten? Ich war gar nicht in der Lage, mir ein solches Szenario auszumalen. Natürlich war mir Susanne Geskes Schicksal nahe gegangen. Sie hatte drei Kinder, ich fünf. Wir waren beide Deutsche, beide als Missionarinnen unterwegs. Ich konnte ihre Trauer und Verzweiflung nachfühlen und erkannte: Auch David könnte in Gefahr sein. Auch uns könnte Leid bevorstehen. Und doch änderte es nichts an meiner Grundhaltung und meinem Lebensplan.

Wenige Tage zuvor waren wir in einem Gottesdienst in einer türkischsprachigen protestantischen Gemeinde in Istanbul gewesen. Die Worte des Pastors hatten mich herausgefordert. Heute erinnere ich mich nicht mehr wörtlich daran, aber sinngemäß lautete die Aussage so: *Wir sind eine kleine Gemeinde. In den Augen der Welt sind wir niemand. Aber Gott hat uns gesehen. Er hat unsere Geschwister gesehen, die für Christus gestorben sind. Es ist für uns eine Ehre. Und wir werden nicht schweigen.* Diese Gedanken begleiteten mich all die Tage nach den Morden an unseren Geschwistern. Sie belebten mich. Sie machten mir Mut, jetzt erst recht über meinen Glauben zu sprechen, damit die Türken diesen Gott kennenlernen würden, der uns sogar im Tod begleitete und neues Leben schenkte.

Damit will ich das Leid der Hinterbliebenen nicht kleinmachen. Ich weiß, dass Susanne und ihre Kinder furchtbares Leid durchgestanden haben. Nicht nur wegen der Morde selbst, sondern auch, weil sie danach lange Zeit unter Polizeischutz stehen mussten und sich nie sicher fühlen konnten. Und doch sah ich damals den Mut und die Entschlossenheit Susannes. Ihre unglaubliche Kraft, zu vergeben.

Als ich meiner Nachbarin von Susanne erzählte, blieb ihr der Mund offen stehen. Für eine Muslima war die Idee, keine Rache zu üben, sondern Frieden mit ihren Feinden zu schließen, völlig neu und überraschend. In der Türkei gilt die Idee der Vergeltung. Eine muslimische Freundin, die Ehebruch begangen hatte und aufgeflogen war, sagte mir einmal, dass sie sich nicht wieder gut fühlen könne, bevor nicht Blut geflossen sei und sie diese Sünde gesühnt habe. Auge um Auge, Zahn um Zahn. Ein andermal kam Johannes aus der Schule nach Hause und war gebissen worden. Da empfahl mir eine Freundin, ich solle ihm beibringen, dass er zurückschlagen müsse, wenn ihm so etwas geschehe. Wir hatten ihm natürlich genau das Gegenteil beigebracht. Dass er sich um Frieden mit seinen Mitschülern bemühen solle, so wie Jesus es getan und in der Bergpredigt gefordert hatte, anstatt Kontra zu geben.

So lehrte uns unser Leben in der Türkei einerseits, wie wir friedlich mit unseren Nachbarn zusammenleben konnten. Es lehrte uns aber auch die unübersehbaren Unterschiede zwischen unseren Religionen. Durch Susannes offenes Bekenntnis für Vergebung und gegen Rache bewegte sich in der Türkei viel. Plötzlich war in allen Nachrichten sichtbar, was die Grundidee des christlichen Glaubens war: Vergebung.

Trotz alldem verstand ich das Anliegen meiner Mutter und ihre Angst. Für sie waren wir schlicht in Gefahr, sie konnte nicht wie wir sehen, dass Gott an unserer Seite war, egal was kommen würde. Meine Mutter sah Kosten, wo ich Gewinn erkannte.

Ich sagte ihr also, wir würden bleiben. Es schmerzte mich unendlich, dass ich ihr nicht beistehen konnte in ihrer Sorge. Wir stritten nicht darüber. Aber ich spürte, wie sehr sie sich eine andere Antwort von mir gewünscht hätte.

Ganz anders reagierte Davids Mutter. »Menschen sterben auch in ihren Heimatländern«, sagte sie. »Ihr seid unterwegs um Christi willen, also macht weiter.«

Ich war froh, dass sie unsere Sicht teilte. Und so machten wir weiter, wie wir es die letzten acht Jahre getan hatten. Mit Mut und Glauben, auch wenn wir etwa unseren nächsten Weihnachtsgottesdienst mit Sicherheitspersonal vor den Türen in einer Kirche in Istanbul feierten. Seit Malatya sind solche Einsätze zum Standard geworden bis heute.

Dennoch wiegte ich mich in Sicherheit. Bis es auch uns traf.

ZUM ERSTEN MAL IM GEFÄNGNIS

2007

David: Eine Woche nach den Malatya-Morden stand die ganze Türkei unter Strom. Der kleinste Funke hätte ausgereicht, um einen Flächenbrand zu entfachen.

Da waren einerseits jene, die sich für die Verbrechen schämten, sich offen zur Religionsfreiheit bekannten und sich auf die Seite von uns Christen schlugen, obwohl sie selbst mehrheitlich keine waren. Dann waren da auf der anderen Seite die Nationalisten und Islamisten, von denen die meisten die Morde zwar nicht direkt guthießen, aber der Meinung waren, dass die Opfer auch selbst schuld seien. Schließlich sei es provozierend für Muslime, wenn andere offen für das Christentum warben. Diese Menschen empfanden unsere Mission als tiefen Eingriff in die türkische Kultur und auch als Bedrohung. Und zu allem Überfluss war da noch eine dritte, mächtige Seite, nämlich die der Regierung, die keinesfalls daran interessiert war, Unruhen öffentlich und laut werden zu lassen.

Es lag etwas in der Luft, dort am Bosporus in diesen Tagen. Wir konnten es alle riechen, schmecken, spüren. Wie kleine Stromschläge.

Wir vom Bibelkorrespondenzkurs hatten länger darüber nachgedacht, ob wir es wirklich wagen sollten, nun direkt wieder auf der Straße zu predigen, nach allem, was vorgefallen war. Und uns dann dafür entschieden. Alles sollte weitergehen wie immer. Das waren wir auch unseren verstorbenen Geschwistern schuldig. Denn an unserem Auftrag hatte sich auch durch ihren Tod nichts geändert. Das Evangelium, für das sie gestorben waren, musste auf die Straße.

So packten wir unsere Sachen und zogen wieder in den Gezi-Park, wo wir auch schon die letzten Male gepredigt hatten. Das Interesse war groß. Eine Menschentraube von zwanzig oder dreißig Leuten bildete sich um uns. Einer meiner Kollegen, Arsen, begann sogar, für einen der Passanten zu beten. Er hatte ihm gerade die Hände auf den Kopf gelegt, um ihn im Namen Gottes zu segnen, da liefen zwei junge Frauen an uns vorbei. Sie fielen uns zunächst kaum auf, aber im Nachhinein sollten wir erfahren, dass sie tief religiös und nationalistisch waren. Eine unserer Kolleginnen, eine Kurzzeitmissionarin aus Südkorea, sprach ausgerechnet diese beiden Frauen an und wollte ihnen einen Flyer über unsere Arbeit mitgeben. Dass sie damit unseren ganzen Einsatz gefährden würde, konnte sie nicht ahnen.

Die Mitarbeiterin ging also fröhlich auf die beiden Türkinnen zu, grüßte, und versuchte, ein Gespräch zu beginnen. Die beiden Frauen winkten ab, wurden aber durch diese Ansprache erst aufmerksam auf das, was wir dort taten. Sie schauten hinüber zu der Menschenmenge, die sich um uns gebildet hatte, und dann fiel ihr Blick auf Arsen, der gerade so inbrünstig für den türkischen Passanten betete, der neben ihm stand. Die Augen der beiden Frauen wurden immer größer und plötzlich begannen sie lauthals zu schimpfen.

»Was ist denn hier los?«, rief die eine empört und verstand plötzlich, dass es sich bei uns um christliche Missionare handelte.

Sie ging schnurstracks auf meinen betenden Kollegen zu und fragte: »Was machst du da?«

Mein Freund antwortete wahrheitsgemäß: »Ich bete für diesen Mann! Das ist mein gutes Recht!«

Das brachte für die Frau das Fass zum Überlaufen. Sofort verständigte sie mit ihrem Telefon die Polizei. Wie wir später erfuhren, würden die beiden Frauen auf der Wache auch noch Anzeige gegen uns erstatten. In ihren Augen hatten wir durch unser Auftreten den öffentlichen Frieden gestört. Sie warfen uns auch vor, dass wir schlechte Dinge über den Islam gesagt hätten, was tatsächlich gegen das Gesetz verstoßen hätte. Dieser Vorwurf musste auch schon bei ihrem Telefonat mit der Polizei zur Sprache gekommen sein, wie wir kurze Zeit später merken sollten. Selbstverständlich hatten wir zu keinem Zeitpunkt etwas Schlechtes über eine andere Religion gesagt, erst recht nicht über den Islam. Wir wussten sehr genau, an welche Regeln wir uns in der Öffentlichkeit zu halten hatten, und taten das auch. Besonders an diesem Tag, so kurz nach den Morden in Malatya.

Wenige Minuten nachdem wir die Frau mit ihrem Handy hatten hantieren sehen, stand dann wirklich die Polizei vor uns. Die Staatsdiener suchten nach dem Leiter der Gruppe, ich meldete mich. Wir sprachen kurz, dann baten sie mich, Arsen und einen der koreanischen Kurzzeitmissionare, mit auf die Wache zu kommen. Wir stiegen ins Polizeiauto und fuhren los.

Auf der Fahrt war ich eigentlich recht entspannt. Zu diesem Zeitpunkt ging ich noch davon aus, dass ich zum Abendessen zu Hause sein würde. Ich nahm an, die Polizisten hätten uns lediglich aus dem Gezi-Park wegbringen wollen, damit es keinen größeren Aufstand gäbe. Das hatten wir bereits in der Vergangenheit erlebt: Es geschah öfter, dass die Polizei anrückte, wenn Einheimische sich über unsere Straßenaktionen aufregten. In der Regel baten uns die Polizisten dann, unsere Aktionen zu beenden, und ließen uns unserer Wege gehen. Es war ihre Art, den Frieden zu sichern.

Doch nach und nach erkannte ich, dass diese Fahrt anders verlaufen würde. Schon unterwegs begannen die Beamten, unsere Taschen durchzusehen. Sie suchten nach Belegen für die Vorwürfe der beiden Frauen. Schriften zum Beispiel, die den Islam beleidigten. Glücklicherweise konnten sie nichts dergleichen finden. Wir mussten den beiden Männern unsere Handys und Wertsachen aushändigen.

Auf der Polizeistation sahen wir die beiden Frauen wieder. Sie waren offenbar dort, um ihre Aussage gegen uns zu machen. Nach etwa einer Stunde des Wartens wurden wir dem Polizeichef vorgeführt. In diesem Mann zeigte sich all die Spannung, die sich in der Türkei dieser Tage auf- und entlud. Als wir den Raum betraten, blitzte er uns böse an. Zuvor hatte er ganz offenbar mit unseren beiden Anklägerinnen gesprochen, und noch bevor er ein Wort sagte, war klar, dass er ihnen jeden ihrer Vorwürfe gegen uns glaubte.

»Wegen dem, was ihr heute getan habt, werden wir euch verurteilen!«, fuhr er uns an, als wir vor ihm standen.

Er befragte uns mehrere Minuten lang. Wir stritten alles ab, was er uns vorwarf, wussten aber schon nach den ersten Sätzen dieses Mannes, dass er uns nicht glauben würde, egal was wir vorbrachten. Der Polizeichef entschied nach diesem Gespräch dann auch wenig überraschend, dass wir in Haft bleiben würden. Man spendierte uns also eine weitere Fahrt mit dem Polizeiwagen, bis wir schließlich an unserem Bestimmungsort, einer weiteren Polizeistation nahe dem bekannten Taksim-Platz in Istanbul, ankamen. Wir waren mitten in einem hippen und alternativen Vergnügungsviertel gelandet. Auf dieser Wache wurden nicht nur wir abgestellt, sondern auch all die Betrunkenen und die politischen Straftäter.

Drinnen gab es zwei große Zellen mit jeweils einer Hand voll Inhaftierter darin. Es gab zwei kleine Fenster mit Gittern davor. Die Wände waren karg und dick, der Fußboden kalt und dreckig. Jede Zelle hatte ein oder zwei Pritschen, nicht genug also, dass sich jeder Inhaftierte zum Schlafen hätte hinlegen können. Es war inzwischen Abend geworden. Wir mussten kurz an einem Holztisch Platz nehmen, der vor den Zellen aufgebaut war. Der zuständige Polizist erklärte uns, warum wir nun inhaftiert waren – und zwar so laut, dass es in den beiden hinter uns liegenden Zellen gut zu hören gewesen sein muss.

Als er geendet hatte, brüllte ein Mann heraus:»Bring den Missionar zu uns, wir zeigen ihm schon, was er davon hat!«

Mit den Jahren fand ich heraus, dass die Festgenommenen auf solchen Wachen meist nach Anlass der ihnen vorgeworfenen Vergehen aufgeteilt wurden. Also: Linksradikale in die eine, Rechtsradikale in die andere Zelle. Glücklicherweise entschied sich der zuständige Polizist dazu, uns zu den Linksradikalen zu stecken, von denen wir weiß Gott weniger zu befürchten hatten als von den Rechten, die uns aus der anderen Zelle heraus anbrüllten.

Dennoch wurde schnell klar, dass der Aufseher etwas gegen uns hatte. Zum einen spielte er plötzlich extrem nationalistische Musik ab. Ich selbst bemerkte das zuerst gar nicht, aber Arsen machte mich darauf aufmerksam. Es war, als wollte uns dieser Polizist damit ärgern, weil er genau wusste, dass wir versucht hatten, Menschen zum Christentum zu bekehren. Und dabei blieb es nicht. Nach einigen Minuten in der Zelle merkte ich, dass ich dringend auf Toilette musste. Immerhin waren wir schon einige Stunden unterwegs gewesen. Ich bat den Polizisten mehrmals darum, mich erleichtern zu können, aber er tat immer sehr beschäftigt und bat mich, zu warten. Erst nach zwei Stunden erbarmte er sich und ließ mich auf die Toilette gehen. Es fehlte nicht viel und ich hätte in eine Ecke der Zelle urinieren müssen. Wenn ich heute darüber nachdenke, kam das schon sehr nah an eine subtile Art der Folter heran. Auch wenn es natürlich nichts ist im Vergleich zu dem, was Christen in anderen Staaten erleiden.

Ich ertrug das alles noch recht gut, aber meinem koreanischen Kollegen ging es richtig schlecht. Er hatte furchtbare Angst. Stundenlang sprach ich ihm Mut zu und erinnerte ihn daran, dass unsere biblischen Vorbilder ebenfalls in Haft gewesen waren. Aber was soll man einem jungen Mann von vielleicht zwanzig Jahren schon erzählen? Wir hatten uns erst am selben Tag kennengelernt, weil er nur ein paar Wochen im Einsatz in der Türkei verbringen sollte.

Besser erging es meinem türkischen Freund. Gegen zehn Uhr abends trat unser Aufseher in die Zelle und erklärte, er dürfe gehen, offenbar, weil er im Gegensatz zu uns türkischer Staatsbürger war. Der Koreaner und ich hingegen mussten bleiben.

Es waren fürwahr keine schönen Stunden. Wir dösten nebeneinander auf den Pritschen ein, Seite an Seite sitzend. Ich konnte nur hoffen, dass Ulrike mittlerweile wusste, was geschehen war, denn ein Telefonat hatte ich bisher nicht führen dürfen. Immerhin war ich zuversichtlich, dass Arsen die anderen informiert hatte.

Mitten in der Nacht schreckte ich hoch, von Schreien und einem Rumpeln aus dem Schlaf gerissen.

Zwei Polizisten prügelten auf einen Mann ein, den sie in die Wache gebracht hatten. Er war stark geschminkt und trug ein hautenges schwarzes Kleid und hochhackige Schuhe. Der Transvestit schrie, während die Polizisten ihn zusammenschlugen. Und das mitten in einer europäischen Metropole. Das Schreien wurde zu einem Jammern, als sie von ihm abließen. Wenige Minuten später warfen sie ihn wieder hinaus auf die Straße.

Wir standen die Nacht durch. Früh am nächsten Morgen wurden wir wieder verlegt und wir merkten schnell: Nun war es wirklich ernst. Wir saßen in Abschiebehaft. In einem Gebäude von vier oder fünf Etagen konnten insgesamt rund vierhundertfünfzig Personen untergebracht werden. Jeder Raum hatte ein Dutzend Etagenbetten und sie waren alle belegt. Hier und da lagen extra Matratzen auf dem Boden. Ich habe diesen Ort während unseres Lebens in der Türkei noch zwei weitere Male besuchen müssen und die Räume waren jedes Mal überfüllt.

Die dortigen Beamten sagten uns, wir müssten nun das Land verlassen und sollten unsere Familien und Kollegen darüber informieren, dass jemand von ihnen uns ein Flugticket zu kaufen hätte. Dann wollten sie uns zum Flughafen begleiten, uns dort der Flughafenpolizei übergeben, die dann dafür sorgen sollte, dass wir die Türkei auch wirklich verließen. Der Koreaner willigte sofort ein. Er hatte genug von diesem Einsatz und wollte nur noch nach Hause.

Für mich kam es dagegen nicht infrage, klein beizugeben. Immerhin war mein Lebensmittelpunkt die Türkei. Ich würde auf meinen Prozess warten, auf Gott vertrauen und immer wieder erklären, dass ich die Dinge, die man mir vorwarf, nicht getan hatte. Anstelle von Angst empfand ich Entschlossenheit. Sollten sie doch versuchen, mich zu verjagen, ich würde nicht so einfach gehen!

So kam es, dass ich eine weitere Nacht in Haft verbrachte. Am Morgen des dritten Tages musste ich einen Brief unterschreiben, in dem ich erklärte, dass ich verstünde, was mir vorgeworfen wurde. Ich sollte außerdem versprechen, dass ich nie wieder öffentlich das Evangelium predigen würde – was ich aber verweigerte.

Und dann, so schnell wie man mich festgenommen hatte, war ich auch schon wieder frei. Ich stieg in ein Taxi und fuhr nach

Hause. Der Kampf gegen unsere Abschiebung hatte begonnen und würde Jahrzehnte andauern, auch wenn wir die erste Runde gewinnen sollten.

Ulrike: Als David mir sagte, dass er eine Woche nach den Morden wieder auf der Straße predigen würde, hatte ich ein schlechtes Gefühl im Bauch. Es war nicht so, als hätte ich ihm das verbieten wollen. Aber ich fühlte mich auch nicht ganz wohl damit.

Als David am Abend nicht nach Hause kam wie gewohnt, machte ich mir dennoch zunächst wenig Gedanken. Ich war so beschäftigt damit, die Kinder ins Bett zu bringen, dass ich gar keine Zeit hatte, mir den Kopf darüber zu zerbrechen.

Doch dann klingelte es spätabends an unserer Tür. Als ich öffnete, sah ich Davids Kollegen Arsen: Müde und abgekämpft, aber nicht kaputt genug, als dass nicht sofort alles Erlebte aus ihm herausgebrochen wäre. Er berichtete mir von der Haft und dass David und ein koreanischer Kurzzeitmissionar noch in der Zelle säßen. Mein erstes Mitgefühl aber galt nicht diesen beiden, sondern unserem Freund Arsen. Denn seine Familie war armenisch und er lebte noch bei seiner Mutter. Mir war klar, dass diese Geschichte, die Tatsache, dass ihr Sohn festgenommen worden war, in ihr das Trauma der Verfolgung durch die Türken wieder hochbringen würde. Sie war von Anfang an ganz und gar dagegen gewesen, dass Arsen sich als Missionar betätigte. Einfach wegen ihrer tief sitzenden Angst, die wegen des einstigen Massenmords an den Armeniern in ihr verankert war. Unser Freund blieb deshalb die Nacht über bei uns. So konnte er sich noch einige Stunden Gedanken darüber machen, wie er das Ganze mit seiner Familie besprechen würde.

Ich war an diesem Abend also nicht nur allein mit fünf Kindern und der Sorge um David, sondern kümmerte mich auch noch um einen Schlafplatz und die Verpflegung unseres Freundes. Immer wieder klingelte zudem unser Telefon, weil nach und nach alle Kollegen von dem Vorfall erfuhren und wissen wollten, was es Neues gab. Ich hatte alle Hände voll zu tun. So blieb mir nicht einmal die Zeit für Sorgen. In kurzen Momenten fragte ich mich, was David nun wohl gerade tat. Aber dann wollte schon das nächste Kind versorgt oder der nächste Freund informiert werden. Doch irgendwie hatte ich tief innen einen Frieden, der nicht von mir kam: Ich wusste mich getragen von den vielen Freunden, die für uns beteten.

Es dauerte drei Tage, bis David wieder bei uns war. Und aus irgendwelchen Gründen war er motivierter denn je. Er war überschwänglich und erfüllt, wollte sofort wieder predigen und zögerte keine Sekunde damit, seine Arbeit fortzusetzen. Ich hingegen war erschöpft. Zwar dankbar, aber auch ohne jegliches Bedürfnis auf Wiederholung einer solchen Inhaftierung.

Es ist dieses Gefühl, das mich in den Jahren der Festnahmen und drohenden Abschiebung begleitet hat: nicht durchatmen zu können. Denn es ging immer gleich nahtlos weiter. Wir machten keine Pause, das war nicht Davids Art. Und ich konnte keine machen, denn die Kinder ließen das nicht zu. Doch was auf David motivierend wirkte – die Festnahmen, das Abenteuer, das Wandeln in den Fußstapfen seiner biblischen Vorbilder, die ebenfalls für ihren Glauben inhaftiert worden waren –, erzeugte bei mir vor allem Müdigkeit. Ich stand deshalb nicht weniger hinter meinem Mann. Aber ich kann auch nicht sagen, dass dieser Kampf mich erfüllt hätte. Ich war zu beschäftigt mit unserem normalen Alltag ohne Glanz und Gloria.

Ich lernte jedoch, dass Gott mich auch in diesen Momenten sah. Auch dann, wenn ich allein mit den Kindern war und nicht wie David vor Gericht für unser Recht auf Aufenthalt und das Recht, Jesus zu verkündigen, stritt. Ich lernte: Gott braucht meine Heldenhaftigkeit nicht. Ich darf schwach sein.

Wir haben einen Preis für unseren Kampf bezahlt: Ich habe die Kinder fast allein erzogen. Es gab viele Nächte, in denen wir ohne David auskommen mussten. Am Anfang waren es nur ein paar Tage, irgendwann Wochen. Wir haben wichtige Zeit verloren. Ich habe mich oft nicht gesehen gefühlt. Heute weiß ich: Gott sieht mich und hat mich immer gesehen. Auch dann, wenn ich mich selbst nicht mehr richtig erkennen konnte.

David: Im November 2007, sechs Monate nach meiner Inhaftierung, trat ich vor die Richterin. Ich hatte keinen Anwalt, sondern verteidigte mich selbst. Wobei ich natürlich nicht ganz allein war: Arsen war bei mir und einige weitere Kollegen. Wir saßen direkt neben den beiden Klägerinnen.

Als die Richterin das Urteil verkündete, jubelten wir innerlich auf: Unser Fall wurde fallen gelassen. Die Richterin stellte kurz und schmerzlos fest, dass niemand die Vorwürfe der beiden Frauen beweisen könnte. Dass wir den öffentlichen Frieden gestört haben sollten, war also nicht nachvollziehbar gewesen. Und selbst wenn, wäre es nur eine Ordnungswidrigkeit gewesen und hätte keine Gefängnisstrafe oder gar eine Abschiebung nach sich gezogen. Schlimmer wäre es gewesen, wenn man uns der Islambeleidigung für schuldig erklärt hätte. Aber auch da musste der Generalstaatsanwalt anerkennen: Es gab keine Anhaltspunkte. So wurde unser Fall nie für eine weitere Verhandlung zugelassen.

Noch vor Ort beschwerten sich die beiden Frauen, die für unsere Festnahme gesorgt hatten, über den Vorgang. Doch wir hatten das Recht auf unserer Seite. Vermutlich spielte uns auch der Zeitgeist in die Hände: Diese säkulare türkische Richterin hatte vermutlich ebenfalls die Morde von Malatya vor Augen. Ich kann mir gut vorstellen, dass sie keine Freundin einer zunehmenden Islamisierung des Landes war und sich für Religionsfreiheit und die freie Rede einsetzen wollte.

Am Ende war ich somit frei und durfte mit meiner Familie in der Türkei bleiben. Unsere Entschlossenheit hatte sich ausgezahlt. Das war nicht nur ein Gewinn für uns. Die Nachricht von unserem Freispruch machte die Runde unter den türkischen Missionaren, aber auch weltweit. Denn verschiedene Menschenrechtsorganisationen berichteten über unseren Fall und auch christliche Medien.

Ich glaube, durch unseren Prozess und auch die, die noch folgen sollten, wurde vielen klar: Christen konnten in der Türkei für ihre Rechte streiten und sogar gewinnen! Was für eine Ermutigung war das für uns selbst, aber auch für all die anderen Missionare und türkischen Christen, die mit uns den Glauben an Jesus verbreiteten.

GESCHICHTEN, GEBETE UND EIN GOTTESDIENST HINTER GITTERN

2007–2016

David: In den nächsten Monaten machten wir weiter wie gewohnt. Wir gingen auf die Straße, wir predigten, wir erzählten mithilfe unseres Sketchboards von Jesus.

Die Türkei steckte in dieser Zeit mitten in den Beitrittsverhandlungen mit der EU. Erdoğans AKP war weiterhin Regierungspartei und wollte das Land mit aller Kraft in die Europäische Union bringen. Zunächst aber galt es, die Beitrittskriterien zu erfüllen, unter anderem beanstandete die EU mangelnde Religionsfreiheit und ebenso einen Mangel anderer Minderheitenrechte sowie von Meinungsfreiheit. Die Türkei bemühte sich um die Verbesserung dieser Missstände, gab etwa staatlich beschlagnahmte Immobilien an christliche und jüdische Gemeinschaften zurück. Das türkische Präsidium für Religionsangelegenheiten *Diyanet* erklärte, dass eine Konversion weg vom Islam und hin zu einer anderen Religion erlaubt sei.

Die Zeichen standen also auf Versöhnung, Einheit, Friede, Freude, Eierkuchen. Wir alle gingen davon aus, dass es nicht mehr lange dauern würde, bis die Türkei den Sprung in die EU schaffen würde. Wie wir heute wissen, waren die Hürden größer, als wir es damals annahmen.

Der Optimismus der damaligen Tage hatte jedoch auch Einfluss auf unsere Arbeit: Die türkischen Behörden duldeten, was wir taten, weil sie kein Interesse an öffentlichen Skandalen wegen ein paar Missionaren hatten. Wir waren nur einige Hundert in einem Land von achtzig Millionen Türken. Wir waren Moskitos auf der Haut eines Elefanten. Zu unscheinbar und unwichtig für Ärger.

Doch was die Behörden duldeten, ging manchen Türken nach wie vor gegen den Strich. Es gab Spannungen im Land, Nationalisten waren gegen den EU-Beitritt und fürchteten eine Schwächung der türkischen Identität. Dazu gehörte auch das kulturelle Erbe des Islam. Und so gab es weiterhin diese gefährliche Allianz von Nationalismus und Islamismus. In den Köpfen mancher Menschen. In der Politik. Und im türkischen Untergrund.

So kam es, dass wir trotz der insgesamt positiven Stimmung im Land uns gegenüber immer wieder Probleme mit Passanten auf der Straße und auch mit manchen Polizisten hatten. Regelmäßig kam es vor, dass die Staatsdiener uns baten, nicht öffentlich zu predigen, oder uns sogar für kurze Verhöre mit auf die Station nahmen. Aber in der Regel wurden wir noch am selben Tag entlassen. Man konnte uns einfach nie eine Gesetzeswidrigkeit nachweisen.

Die Polizisten verhielten sich uns gegenüber dabei so unterschiedlich wie Feuer und Wasser. Manche waren rau und hart wie der Polizeichef bei meiner ersten Festnahme. Einmal wurden meine Kollegen nach einer Evangelisationsaktion festgenommen. Ich war der Einzige, der bereits auf dem Heimweg war, als die Polizisten kamen. Während ich mich schon auf meine Familie und mein

Abendessen freute, klingelte mein Handy. Einer unserer Missionare war am anderen Ende der Leitung und berichtete mir, dass sie zu zweit oder zu dritt in der Polizeistation festsäßen, weil jemand Anzeige erstattet habe.

Ich überlegte nicht lange und eilte Richtung Wache. Dort stellte ich mich als der Leiter der Gruppe vor, die eben festgenommen worden war – und landete sofort in derselben Zelle wie meine Kollegen. Es folgte ein unangenehmes Verhör, der zuständige Polizist war ähnlich voreingenommen wie der Polizeichef bei meiner ersten Inhaftierung. Es gab keinen Zweifel: Wir wurden hier als Staatsfeinde betrachtet. Dennoch ließ man uns noch am selben Abend frei. Die Anschuldigungen waren nicht stichhaltig genug, um uns festzuhalten. Wir hatten das Recht – wie schon so oft – auf unserer Seite.

Doch so eine schlechte Behandlung bekamen wir nicht immer. Manche Polizisten waren unglaublich nett und freundlich. Ich erinnere mich an eine Begegnung im Istanbuler Rotlichtviertel Aksaray. Prostitution ist in der Türkei keineswegs illegal, wie manche vielleicht denken. Solange die Betreiber von Bordellen keinen Alkohol ausschenken und die Prostituierten nicht offensiv für ihre Dienste werben, ist sie erlaubt. Doch auch Alkohol und Drogen werden in den Straßen Aksarays gehandelt, wenn die Polizei nicht hinsieht. Wir hingegen waren dort, um vom Evangelium zu erzählen. So, wie wir es in den vielen anderen Straßen und auf den Plätzen der Stadt taten. Plötzlich traten zwei Männer an uns heran, die sich schnell als Zivilpolizisten entpuppten.

»Was macht ihr hier?«, fragten sie mich.

Ich erklärte freizügig: »Wir sind Christen und erzählen von unserem Glauben. Es geht um Jesus Christus.«

Die beiden Männer berichteten uns daraufhin, dass es wie so oft eine Beschwerde über uns gegeben habe. Doch was dann folgte, überraschte selbst mich. Anstatt uns aufzufordern, die Straße zu verlassen, sagte einer der Beamten:»Ich schäme mich für mein Volk. In diesem Rotlichtviertel gibt es so viel Schlechtes. Drogenmissbrauch. Menschenhandel. Prostitution. Gewalt. Das alles lassen die Menschen hier geschehen und niemand beschwert sich. Aber wenn ein wohlmeinender gläubiger Mann kommt und von dem erzählt, was sein Herz bewegt, dann beschweren sie sich. Es ist eine Schande!«

Wir standen vor zwei Polizisten, die sich tatsächlich bei uns dafür entschuldigten, dass sie gegen uns vorgehen mussten. Auch solche Polizisten gab es also. Wir wussten allerdings nie, wie uns der Nächste begegnen würde: Freundlich oder feindselig? Mit den Jahren lernten wir alle Facetten dieser Situationen kennen und gewöhnten uns allmählich daran.

Doch dann sollte es im Jahr 2011 ganz anders kommen.

Es war am späten Abend, die Kinder lagen schon im Bett. Ulrike und ich hatten gerade noch die letzten Dinge erledigt, die vom Tag übrig geblieben waren, und wollten zu Bett gehen, da klingelte es an unserer Tür. Ich öffnete und vor mir standen zwei Männer in normaler Straßenkleidung. Polizisten in Zivil.

»Sind Sie David Byle?«

»Ja.«

»Packen Sie Ihre Sachen, Sie müssen mit uns kommen.«

Sie erklärten mir, dass mein Visumsantrag nicht verlängert werden könnte und dass Sie problematische Inhalte in meinem Lebenslauf gefunden hätten – womit sie natürlich meine Festnahmen meinten.

Es war das Jahr 2011 und ich hatte kurz zuvor versucht, mein Visum zu verlängern. Das hatte nun offensichtlich die Behörden auf mich und auch auf die Kurzaufenthalte im Gefängnis, die in meiner Akte vermerkt waren, aufmerksam gemacht. Schnell war klar: Ich würde wieder in Abschiebehaft landen.

Während ich noch grübelte, was für ein konkreter Anlass die Polizei hierhergeführt haben könnte, war ich fast schon ein wenig aufgeregt, weil ich irgendwie spürte, dass Gott hier am Werk war. Ulrike hingegen war außer sich. Ich war zu ihr ins Schlafzimmer gegangen, um meine Sachen zusammenzupacken, und hatte ihr erzählt, was gerade geschehen war und dass ich fortmüsse. Umgehend marschierte sie aus dem Zimmer und direkt auf die beiden Polizisten zu.

»Was fällt Ihnen ein, uns mitten in der Nacht zu überfallen?«, fauchte sie.

Während meine Frau noch diskutierte, packte ich meine Tasche. Aber nicht mit Kleidung oder Hygieneartikeln. Mir reichte das Allernötigste. Stattdessen füllte ich mein Gepäck mit christlicher Literatur in verschiedenen Sprachen. Von meinem letzten Aufenthalt in der Abschiebehaft wusste ich: Die Behörden würden mir mein Handy wegnehmen und meinen Pass, aber sie würden mir erlauben, Literatur mitzunehmen. Und ich wusste: Der ganze Ort war gefüllt mit Menschen, die allein und verzweifelt waren. Fast alle von ihnen waren Muslime. Sie kamen aus unterschiedlichen Ländern, standen oft vor den Trümmern ihres Lebens. Sie brauchten jemanden, der ihnen zuhörte und der eine gute Botschaft für sie hatte. Und weiß Gott, die hatte ich!

Am Ende nutzte auch Ulrikes Gegenwehr nichts. Ich stieg in das Auto der Polizisten und fuhr mit ihnen zuerst zur Station, wo ich vernommen wurde und die Nacht verbrachte. Danach wurde ich in das Gefängnis gebracht, das ich bereits im Jahr 2007 kennengelernt hatte.

Dieses Mal allerdings waren die Dinge, die ich dort erleben sollte, wesentlich verrückter als alles, was mir bisher in der Haft und mit der Polizei passiert war.

Ulrike: Es war wirklich eine Frechheit. Bis heute verstehe ich nicht, warum uns diese Zivilpolizisten mitten in der Nacht aufsuchen mussten. Es war halb elf am Abend, David und ich wollten gerade ins Bett gehen, da klingelte es. Ich hörte Bruchstücke des kurzen Gesprächs zwischen meinem Mann und den beiden Besuchern, bevor er zu mir ins Schlafzimmer kam und begann, seine Sachen zu packen. Die Polizei sei da, er müsse mitgehen, erklärte er knapp.

Ich dachte nicht im Traum daran, mich einfach so damit abzufinden, dass zwei fremde Männer David im Dunkeln an einen unbekannten Ort brachten. Also ging ich zur Tür und forderte von ihnen, sich auszuweisen. Tatsächlich erklärten sie sich dann kurz und knapp als Polizisten in Zivil, zeigten mir alles Notwendige und die Sache war für sie erledigt. Ich konnte noch so aufgebracht sein: David musste mit. Ich hatte keine Chance. Das Letzte, was ich von ihm sah, war, wie er mit den Polizisten im Aufzug verschwand. Und ich stand alleine da.

Wohin brachten Sie ihn? Ich hatte keine Ahnung. Ich rief Hasan und Aysche an. Sie waren gute Freunde und Nachbarn. Hasan war wie David ein Evangelist, der schon öfter Erfahrungen mit der Polizei gemacht hatte. Sie kamen und setzten sich mit mir ins Wohnzimmer. Ich musste nicht viel sagen, sie verstanden sofort, was geschehen war, und beteten mit mir, segneten mich und waren dann so schnell wieder verschwunden, wie sie gekommen waren. Aber ihr Kommen und ihr Gebet hatten mich gestärkt.

Es war gut, dass die Kinder bereits alle schliefen und nichts von den Ereignissen mitbekamen. Somit hatte ich Zeit, mir bis zum nächsten Morgen zu überlegen, wie ich den damals Sechs- bis Zwölfjährigen beibringen konnte, dass ihr Vater auf unbestimmte Zeit fort war. Und dass ich nicht einmal wusste, wo wir ihn finden konnten.

Über die Jahre in der Türkei hinweg hatten wir viele Zusammenstöße und Begegnungen mit der Polizei. David und ich hatten uns früh dazu entschieden, offen mit unseren Kindern über diese Dinge zu sprechen. Keine Geheimnisse. Sie alle wussten von klein auf, dass die Berufung ihrer Eltern der Familie Probleme machen konnte. Dass sie gelegentlich dazu führte, dass sie mit der Polizei in Konflikt gerieten oder sich Türken über sie beschwerten. Es wäre schließlich auch kaum möglich gewesen, irgendetwas davon vor den Kindern zu verbergen.

So waren wir einmal mit der ganzen Familie auf dem Weg zum Gottesdienst und David verteilte nebenbei Traktate. Es kam zu einem kleinen Aufruhr, zwei Passanten beschimpften David. Die Sache war schnell geklärt, aber solche beiläufigen Begegnungen gab es immer wieder in unserem Alltag. Auch im Umgang mit ihren Freunden und Lehrern in der Schule spürten die Kinder, dass etwas an ihnen anders war als an den meisten anderen. Sie hatten einen anderen Glauben. Und dieser Glaube prägte ihr ganzes Leben und das ihrer Eltern.

Ich bin froh, dass die meisten Begegnungen, die meine Kinder in diesem Zusammenhang hatten, freundlicher Natur waren. Anders als uns hatte ihnen der christliche Glaube in der Türkei nie wirklich Probleme gemacht. Anstatt die Dinge also geheim zu halten, versuchte ich immer, meinen Kindern das Leben so normal wie möglich zu gestalten – egal, was gerade geschah. Meine eigenen Ängste versuchte ich für mich zu behalten, doch gleichzeitig redete ich offen darüber, dass wir möglicherweise nicht in der Türkei würden bleiben können. Wir alle wollten die Türkei keinesfalls verlassen, vor allem die Kinder nicht, denn sie wuchsen hier auf. Doch mir war klar, dass uns im Grunde ständig eine Abschiebung drohte. Auch nach dem aktuellen Vorfall setzte sich dieser Gedanke in meinem Hinterkopf fest, selbst wenn ich noch nicht so weit war, eine Zukunft in einem anderen Land als der Türkei zu planen.

Als die Kinder sich also damals im Jahr 2011 morgens den Schlaf aus den Augen gerieben hatten, als sie begannen, sich für die Schule fertig zu machen, und nach und nach realisierten, dass David fehlte, erklärte ich ihnen, was geschehen war: Zwei Polizisten hatten ihn mitgenommen. Ihr Papa war jetzt irgendwo im Gefängnis, weil er das Evangelium öffentlich verbreitet hatte.

Die Kinder waren traurig, aber gefasst. Ihr Leben würde wie immer weitergehen. Bis Papa zurückkam. Ich habe mich in dieser Zeit oft gefragt, ob ich sie nicht überfordert habe. Geholfen hat mir ein Bibelvers, den wir just an diesem Morgen gemeinsam lasen:

Denn der Herr ist gut zu dem, der ihm vertraut und ihn von ganzem Herzen sucht. Darum ist es das Beste, geduldig zu sein und auf die Hilfe des Herrn zu warten. Und es ist gut für einen Menschen, wenn er schon früh lernt, Schweres zu tragen.
Klagelieder 3,25-27 (HFA)

Ich übertrug das auf unser Leben und sah: Es liegt eine Kraft darin, auf Gott zu vertrauen und auch Schwierigkeiten in der Gewissheit zu überwinden, dass er bei uns ist. Ich wusste, dass meine Kinder eine Last trugen, weil ihr Vater immer wieder ins Gefängnis kam.

Aber diese Last würde sie nicht zerstören. Gott würde ihnen beistehen. Er würde sie stark machen. Das alles ist gut, wie die Bibel sagt.

Und genauso kam es. Unsere Kinder nahmen die Situation, wie sie war. Sie taten es immer wieder. Ihr Leben war nicht einfach. Aber Gott trug sie. So ging es für sie auch an diesem Morgen zur Schule, als wäre es ein ganz gewöhnlicher Tag. Anders wäre es auch gar nicht möglich gewesen, denn ich hatte einiges zu tun. Ich musste David finden.

David: Nach einer Nacht auf der Wache landete ich in dem Abschiebegefängnis, das ich bereits kannte. Auf meiner Etage gab es fünf große Zellen mit jeweils dreizehn Doppelstockbetten darin. Jede Etage hatte eine Waschgelegenheit mit rund fünfzehn Waschbecken, acht Toiletten und vier Duschen. Die Zellen waren in der Regel nicht verschlossen und offen einsehbar, aber die Insassen waren nach kulturellem Hintergrund getrennt.

Da gab es etwa die Gruppe der Turkmenen. Der Tschetschenen. Oder die Gruppe der Iraker – viele von ihnen waren IS-Kämpfer, also der Miliz Islamischer Staat, und saßen im Gefängnis, weil sie zum Beispiel einige Tage Urlaub vom Krieg hatten machen wollen und dabei aufgegriffen worden waren.

Es gab auch IS-Terroristen, die aus anderen Ländern kamen und geplant hatten, über die Türkei nach Syrien zu fliegen, dabei aber vom türkischen Geheimdienst abgefangen und von den Behörden inhaftiert worden waren. Ihre Zelle war die einzige, die durch ein weißes Bettlaken so abgetrennt war, dass wir anderen nicht hineinsehen konnten.

Ulrike: David war fort und ich hatte keine Ahnung, wo er sich aufhielt. Als Erstes rief ich unsere Rechtsanwältin Isil Cetin an. Sie vertrat uns seit einigen Monaten immer dann, wenn wir Probleme mit der Polizei bekamen.

Bei unserem ersten Prozess hatte die Richterin die Klage gegen David noch als Bagatelldelikt abgetan und eine weitere Verteidigung war nicht nötig gewesen. Aber je öfter wir Berührungen mit dem türkischen Recht hatten, desto wichtiger erschien es uns, professionelle Hilfe zu haben. Unsere Rechtsanwältin Cetin war ein Segen. Diese kleine tapfere Frau kannte nicht nur unsere Rechte besser als die meisten anderen in der Türkei. Sie hatte auch die Gabe, mir – vielleicht ganz unbewusst – Mut zu machen. Uns zum Kämpfen zu motivieren. Weil sie selbst kämpfte und uns zur Seite stand, auch wenn das bedeuten konnte, dass sie die Nacht durcharbeitete. So auch an diesem Morgen.

Isil Cetin und ich verabredeten uns und machten uns dann gemeinsam auf die Suche. Wir fuhren zuerst zum Abschiebegefängnis, aber dort wurde uns gesagt, es gebe keinen Zugang mit dem Namen Byle.

»Das kann nicht sein«, sagte unsere Anwältin, denn sie wusste aus ihren Unterlagen, dass David deportiert werden sollte.

Nach einigen Telefonanrufen fuhren wir zu weiteren Polizeistationen, aber auch hier gab es keine Spur von David. Inzwischen sank mir der Mut. Was, wenn sie David irgendwohin gebracht hatten und Schlimmes mit ihm anstellten? Plötzlich wurde ich ganz und gar unsicher und malte mir die schlimmsten Szenarien aus. Was, wenn sie ihn einfach ohne mein Wissen abgeschoben hätten? Isil Cetin beruhigte mich und erklärte mir, dass so etwas rechtlich nicht möglich sei. Er musste irgendwo in Istanbul sein. Nur wo?

Dann bekamen wir einen Hinweis: David sei ins Krankenhaus gebracht worden, hieß es auf einer Polizeistation. Deshalb hatten wir ihn nicht finden können! Die Untersuchung im Krankenhaus war ein Standardprozedere bei Festnahmen in der Türkei. Die Ärzte untersuchten den Häftling auf Verletzungen, um darlegen zu können, dass die Polizisten ihm nichts angetan hatten. Das diente vor allem dem Schutz der Behörden. Niemand sollte sie zu Unrecht verklagen können.

Und so fanden wir David letztendlich doch in der Abschiebehaft, in der er bereits einige Jahre zuvor eingesessen hatte. Das Gefängnis trug übersetzt den gemütlich klingenden Namen *Gästehaus der Polizei für Ausländer*. Natürlich war es alles andere als idyllisch dort. Ich stand zum ersten Mal vor den hohen Mauern des Gefängnisses, die mir in den kommenden Tagen und den Jahren danach vertraut werden sollten. Mich begrüßten vergitterte Fenster, ein hoher Schutzzaun und eine lange Schlange von Wartenden. Hinter den Fenstern sah ich Männer: Häftlinge, die auf ihre Besucher warteten.

Wenn meine Anwältin mit dabei war – wie an diesem ersten Tag –, öffneten sich die Türen für uns immer zügig. Sie zeigte ihre Zulassung und wir wurden sofort hereingelassen. Wenn ich David aber ohne sie besuchen wollte – und das war täglich für zehn Minuten möglich –, musste ich mich in diese lange Schlange stellen und gefühlte Ewigkeiten warten, bis ich Einlass bekam. Das war einerseits anstrengend, denn schließlich hatte ich mit fünf Kindern zu Hause wirklich keine Zeit, die ich mit Warten verschwenden konnte. Andererseits eröffnete es mir die Möglichkeit, mit den anderen Angehörigen der Inhaftierten ins Gespräch zu kommen.

So etwa mit einer Afghanin, die ich gleich bei meinem zweiten Besuch in der Abschiebehaft kennenlernte. Sie und ihr Mann lebten mit ihren drei Kindern in der Türkei. Nun saß ihr Mann schon monatelang hinter den Mauern, die vor uns lagen, und wartete darauf, abgeschoben zu werden. Die Frau erzählte mir, dass sie keinerlei Unterstützung habe und niemanden kenne. Ihr Schicksal führte mir vor Augen, wie dankbar ich trotz aller Umstände sein konnte.

Ja, David saß in Haft. Und ja, ich war allein zu Hause mit den Kindern. Aber ich hatte Unterstützung im Land. Manchmal war es ein Au-pair-Mädchen, manchmal eine freundliche Nachbarin, manchmal waren es Freunde aus der Gemeinde, die mir halfen. Ich war nie wirklich allein. Und ich hatte finanzielle Ressourcen, die ich im Notfall anzapfen konnte. Wenn bei uns alle Dämme brechen sollten, dann würden wir das Land verlassen und irgendwo neu anfangen können. Aber diese Afghanin hatte nicht einmal das Geld für einen Flug nach Hause. Geschweige denn Unterstützung durch Menschen vor Ort.

David: Von Anfang an steckten die Polizisten mich ganz bewusst in eine Zelle mit einem Aserbaidschaner, er teilte sich ein Hochbett mit mir. Wir blieben einige Tage zusammen in Haft und kamen ins Gespräch.

Er war so etwas wie der Boss im Knast. Schon monatelang da. Drahtig und muskulös, vielleicht dreißig Jahre alt mit schwarzen, längeren Haaren. Der Oberste in der Gefängnis-Hackordnung. Jeder behandelte ihn mit Respekt. Er war supertough und superruhig, hatte Beziehungen zum Gefängnispersonal. Noch dazu war er ein verurteilter Mörder. Er hatte in Baku einen Russen umgebracht. Weil er nach seiner Tat Angst vor einer Festnahme durch die russischen Behörden in Aserbaidschan, seinem Heimatland, hatte, floh er in die Türkei. Dort, so hoffte er, würde der russische Staat keinen Zugriff auf ihn haben. In der Türkei aber griff die Polizei ihn durch einen Zufall auf und steckte ihn in Abschiebehaft. Sein Aufenthalt dort war eine eigenartige Art Deal mit dem türkischen Staat: Man würde ihn nicht nach Aserbaidschan abschieben, um ihn vor den Russen zu schützen. Aber man würde ihn auch nicht einfach so wieder freilassen, immerhin war er ein Schwerststraftäter.

Auf den ersten Blick fiel das kaum auf, aber wenn es hart auf hart kam, dann zeigte sich, wie viel Wut, Kraft und Gewaltpotenzial in meinem Zellennachbarn steckte. Am dritten oder vierten Tag unserer gemeinsamen Haft erlebte ich einen Kampf zwischen den aserbaidschanischen und turkmenischen Inhaftierten mit. Aus dem Nichts heraus explodierte die Stimmung und zwanzig Männer beider Seiten gingen aufeinander los. Sie prügelten sich, traten aufeinander ein, schnell floss auch Blut. Und mittendrin mein Zellenkumpane. Ich hingegen zog mich in die hinterste Ecke unserer offenen Zelle zurück und versuchte, mich unsichtbar zu machen, bis das Gefängnispersonal die Schlägerei nach einigen Sekunden auflöste.

Damit komme ich auch zu dem Grund, warum die Beamten mich gerade in die Zelle dieses Aserbaidschaners gesteckt hatten: Sie wollten mich beschützen. Denn in der Haft spricht es sich schnell herum, warum man festgenommen worden ist. Und ich, der Missionar, war ein gefundenes Fressen für viele der radikalen Muslime dort. Die Beamten hatten kein Interesse daran, dass ein zusammengeschlagener oder gar getöteter Missionar erneut für Schlagzeilen sorgen würde, besonders dann nicht, wenn er in polizeilichem Gewahrsam war. Also gaben sie dem Aserbaidschaner den Auftrag, mich zu beschützen. Und versprachen ihm dafür die ein oder andere Annehmlichkeit. Eine Hand wäscht die andere, das ist im türkischen Gefängnis nicht anders als in jedem anderen der Welt.

Nun war mein Zellennachbar aber auf den zweiten Blick gar kein übler Kerl. Je mehr Zeit wir miteinander verbrachten, desto mehr unterhielten wir uns. Natürlich auch über Glaubensfragen. Am vierten Tag dort saßen wir gemeinsam in unserer Zelle, deren Tür normalerweise offen stand, und ich erzählte von Jesus. Er wiederum berichtete von dem muslimischen Propheten Mohammed und seinem Glauben. Ich weiß nicht mehr, wie es dazu kam, aber irgendwann im Laufe unserer Konversation ließ ich den Satz fallen: »Na ja, aber laut der Bibel ist Mohammed gar kein echter Prophet.«

In den Sekunden danach hätte man eine Stecknadel fallen hören können. Mein Gegenüber selbst war zwar wenig schockiert von meinen Worten. Doch als ich hochsah, fiel mir erst auf, dass sich eine Menschentraube um unsere Zelle gebildet hatte. Wer im Knast sitzt, hat oft Langeweile, und so bilden sich Gruppen, die die Gespräche anderer verfolgen, wenn sie denn spannend sind. Um uns herum standen vielleicht zehn Männer. Und was ich gerade gesagt hatte, gefiel ihnen offenbar gar nicht. Einer von ihnen war ein Tschetschene, der erst am Tag zuvor inhaftiert worden war. Bei seiner Ankunft war er zusammengebrochen und hatte sich übergeben. Wie wir später erfuhren, war er auf Entzug. Nun stand er wieder auf den Beinen, offensichtlich hatte ihm jemand Drogen besorgt.

»Habt ihr alle gehört, was dieser Ungläubige gesagt hat?!«, brüllte der Tschetschene. »Er hat unseren Propheten beleidigt!« Und damit das nicht nur die zehn Umstehenden hörten, begann er, auf der Etage auf und ab zu laufen und seine Worte überall zu wiederholen.

In dem Moment realisierte ich, dass dieser Mann gerade versuchte, in einem Gefängnis voller muslimischer Straftäter zum Dschihad gegen mich aufzurufen! Glücklicherweise bemerkte das nicht nur ich, sondern auch die Polizei. Das ganze Gefängnis war videoüberwacht. Es dauerte nur wenige Sekunden, bis einige der Beamten hereingerannt kamen und mich mitnahmen. Wie gesagt: Keiner von ihnen wollte Ärger.

Die Einzelzelle, in die sie mich gebracht hatten, damit ich sicher war, lag nur wenige Meter vom Aufenthaltsraum des Gefängnispersonals entfernt. Sie war nicht das einzige Einzelzimmer. Direkt neben mir war ein Transvestit untergebracht. Sie war so groß wie ich und trug hautenge Frauenkleidung. Da unsere Bewacher von uns beiden ganz offensichtlich nichts zu befürchten hatten, kam es, dass sie die Türen unserer Zellen offen stehen ließen, sodass wir eigenständig zur Toilette gehen konnten. Es dauerte nicht lange, da begannen wir, uns zu unterhalten.

Bei einem ihrer Besuche hatte Ulrike mir zum Zeitvertreib ein Puzzle mitgebracht. Und so saß ich am zweiten Tag meiner Einzelhaft mit diesem Transvestiten an einem kleinen Tisch, den uns die Polizisten bereitgestellt hatten. Wir puzzelten gemeinsam – und kamen ins Gespräch über Gott und die Welt.

Es stellte sich heraus, dass Cindy, wie sie sich nannte, aus prekären Verhältnissen stammte. Ihre Mutter war eine drogensüchtige Prostituierte in Brasilien und schlief jede Nacht mit einem anderen Mann. So kam es, dass Cindy bei ihrer Tante aufwuchs. Von jeher hatte der Junge, der sie damals war, keine männlichen Rollenvorbilder gehabt. Immer wieder bescheinigten ihm Menschen in seinem Umfeld, dass er feminine Züge habe. Bis er es selbst glaubte. Er wurde deshalb gehänselt, geärgert, gemobbt, geschlagen. Bis der Tag kam, an dem er sich entschied, es als Cindy zu versuchen, wenn er als Junge schon nicht akzeptiert würde.

Als Teenager zog Cindy nach Rio de Janeiro, verfiel nach mütterlichem Vorbild den Drogen und lebte fortan im Rotlichtviertel. Cindy unterzog sich später einer Geschlechtsumwandlung, kam immer irgendwie über die Runden, aber lebte ein Leben voller Probleme und Schwierigkeiten. Ohne festes Zuhause. Ohne Freunde. Ohne Liebe. Mit einem gefälschten Pass versuchte sie, dem Chaos zu entkommen, floh nach Portugal und lebte dort für einige Jahre, bevor sie nach Saudi-Arabien weiterzog, um sich als Prostituierte in Bahrein durchzuschlagen. Irgendwie hatte sie einen reichen Öl-Oligarchen kennengelernt, der sie als Privathure in seinem Haus anstellte. Dort lebte sie, trank viel, verschleuderte das Geld ihres Liebhabers und hatte nur darauf zu achten, dass niemand etwas von ihr mitbekam. Denn das hätte im strengen islamischen Staat dramatische Folgen für den Ölbaron gehabt. Irgendwann ging diese Allianz zu Ende und Cindy reiste weiter durch Europa.

Als eines Tages ihr Pass auslief, war sie gerade in Istanbul und arbeitete wieder als Prostituierte in einer Bar. Dort wurde sie von der Polizei aufgegriffen und es stellte sich heraus, dass sie keinen gültigen Pass mehr hatte. Den Behörden blieb nichts anderes übrig, als sie in Abschiebehaft zu stecken – wo sie nun seit geraumer Zeit festsaß, weil ihr das Geld fehlte, einen Flug nach Brasilien zu bezahlen. Ganz ungeachtet der Tatsache, dass sie auch für ihr Heimatland keine gültigen Papiere vorweisen konnte.

All das erfuhr ich, während wir konzentriert auf die kleinen Puzzleteile vor uns starrten und Schritt für Schritt das große Bild zusammensetzten. Es kam mir vor wie ihr Leben: so viele Puzzleteile, die zu einem großen Ganzen führten. Nur dass dieses große Ganze im Gegenteil zu unserem Puzzle ganz und gar nicht schön war. Sondern traurig, einsam, verloren. Als ich von meinem Leben berichtete, von meiner Berufung und warum wir in der Türkei waren, da sagte sie einen Satz, den ich nie vergessen habe: »Wenn ich auf mein Leben blicke, dann sehe ich nur Mist. Außer wenn ich an die Zeiten denke, in denen ich mit Christen zusammen war.«

Sie berichtete etwa von einem Priester in Norditalien, der ihr einige Wochen lang Unterschlupf gewährt hatte, als sie nichts bei sich hatte außer der Kleidung, die sie am Leibe trug. Ein guter Samariter, wie sie sagte.

Cindy hat sich nicht bekehrt in diesen Tagen mit mir. Aber ich habe gesehen, wie ihr Leben und wie ihre Begegnungen mit Christen sie zum Nachdenken gebracht haben. Als sie am Ende gehen musste, gab ich ihr meine Nummer. Wer weiß, was aus ihr geworden ist. Ich wünsche Cindy, dass sie noch viele wohlmeinende Christen getroffen hat. Und vielleicht Jesus selbst.

Ulrike: Ich fuhr täglich zu David. Für die zehn Minuten Besuchs-zeit nahm ich anderthalb Stunden Fahrt auf mich, denn das Gefäng-nis lag auf der anderen Seite der Stadt.

Wir nutzten unsere Zeit effektiv: David sagte mir, was er brauch-te und was ich beim nächsten Mal mitbringen sollte. Bibeln. Ein Puzzle. Oder einen Fußball. Außerdem erklärte er mir, wen ich anrufen und über seinen Gefängnisaufenthalt informieren sollte. Denn nicht nur unsere Anwältin war in das involviert, was bei uns geschah. Unsere Missionsorganisation musste Bescheid wissen. Ich schrieb an christliche Geschwister weltweit, die für uns beteten. Und bekam von Christen aus der ganzen Welt Post, die ich David vorlas. Es war anstrengend und ermutigend zugleich.

Und mit noch einem Umstand musste ich umgehen: Einen Tag nach Davids Festnahme klingelte unser Telefon. Ich hob ab und hörte die Stimme meiner Mutter am anderen Ende. Sie hatte von all unseren Schwierigkeiten nichts mitbekommen und fragte mich, wie es uns so gehe. Nun hatte ich ein Problem. Ich kannte die von jeher kritische Haltung meiner Mutter zu unserer Missionarstä-tigkeit in der Türkei. Wenn ich ihr nun von Davids Festnahme berichtete, würde sie nicht nur aus allen Wolken fallen und sich verrückt machen vor Angst. Sie würde sich auch bestätigt sehen in ihrer Haltung und uns bitten, nach Deutschland zurückzukommen. Ich hatte weder Lust noch Kraft, diesen Konflikt nun auch noch auszutragen. Aber konnte ich ihr einfach nichts sagen?

Das alles lief in wenigen Sekunden in meinem Kopf ab und ich traf eine im Nachhinein nicht sehr weise Entscheidung: Sollte sie nach David fragen, würde ich ihr alles erzählen. Und wenn nicht, dann nicht. Sie fragte nicht. Und so verabschiedeten wir uns nach wenigen Minuten wie immer. Aber wie wir alle wissen, reisen Nachrichten schnell. Die von Davids Inhaftierung war noch am gleichen Tag in den christlichen Kreisen in Deutschland angekommen. Und so landete die Information einen Tag nach unserem Telefonat schließlich doch bei meiner Mutter.

Eine Freundin rief bei ihr zu Hause an und erkundigte sich nach Davids Lage. Meine Mutter war wie vor den Kopf gestoßen. Hatte sie nicht erst gestern mit ihrer Tochter telefoniert? Sie rief mich zurück, wütend und enttäuscht über diesen Vertrauensbruch. Sie hatte recht. Ich hätte ehrlich sein sollen. Aber wie in all den Jahren meines Lebens hatte ich den Ansprüchen meiner Mutter genügen wollen. Ich hatte sie zufriedenstellen und so tun wollen, als sei alles in Ordnung. Probleme? Wir? Nicht doch!

Ich musste lernen, dass ich nicht für die Emotionen anderer verantwortlich war, wohl aber für meine eigene Haltung. Ich nahm mir vor, meine Mutter in Zukunft auf dem Laufenden zu halten, auch wenn ich ihr die Sorgen lieber erspart hätte.

David: Ich habe selten so viele Menschen getroffen, die derart fern vom christlichen Glauben, aber zugleich so offen dafür waren. Warum?

Ich erkläre mir das so: Erstens hatten die Menschen in der Abschiebehaft viel Zeit. Sie hatten nichts zu tun, außer sich zu unterhalten. Keine Ablenkung. Doch viel wichtiger noch: Jeder, der dort in Haft saß, hatte entweder irgendetwas Schlimmes in seinem Leben getan oder war in großer Not. Alle Insassen, von den Turkmenen über die Iraker bis zu den Terroristen, den Schwarzarbeitern oder Prostituierten, brauchten nicht nur einen Retter – es war den meisten von ihnen sogar bewusst. Sie waren am Boden und brauchten Hilfe.

Viele von uns verbringen ihr Leben damit, verstehen zu lernen, dass sie auf Gott angewiesen sind. Dass sie nicht leben können ohne die Hilfe und die Gnade einer höheren Macht, deren Name Jesus Christus ist. Diese Menschen dort im Gefängnis wussten bereits um ihre Hilflosigkeit und so paradox das klingt: Genau das war ihre Stärke. Diese Hilflosigkeit machte ihnen den Weg frei zu einem ehrlichen und offenen Glauben.

So wie ich glaubte, dass Gott uns in die Türkei geschickt hatte, so war ich mir auch sicher, dass Gott mich in dieses Gefängnis gebracht hatte. Wer sonst hätte all diesen Menschen von ihm erzählen sollen? Und so kam es, dass ich mich dort wirklich wohlfühlte – trotz der einfachen Lebensbedingungen, der Gefahr und dem Dreck.

Ulrike: So lange war David noch nie im Gefängnis gewesen. Sieben Tage waren es nun schon.

Jeden Tag hatte ich ihm neue Bibeln in verschiedenen Sprachen und Kleidung gebracht. All das verteilte er an seine Zellennachbarn. Nicht jeder im Istanbuler Abschiebegefängnis hatte Angehörige, die dringend Benötigtes vorbeibringen konnten, und so versorgte ich diejenigen, die niemanden hatten, einfach mit.

Heute nun hatte ich meinen Mann unter den aufmerksamen Augen der Wachen kurz und knapp auf den neuesten Stand gebracht: Rebecca hatte eine Eins aus der Schule mit nach Hause gebracht, Johannes hatte gesagt, dass er seinen Papa vermisste. Die Nachbarn hatten mich gut zu Hause unterstützt und wieder waren E-Mails aus aller Welt von Christen gekommen, die für uns beteten.

Mir fiel wieder dieser Glanz in Davids Augen auf, den er immer hatte, wenn er im Gefängnis war – als wäre das der Ort seiner Bestimmung. Als würde er sich kaum nach unserem Zuhause sehnen. Mir wurde klar, dass er sich wohlfühlte zwischen all den Verzweifelten. Und so seltsam es klingen mag: Ich freute mich für ihn. Er hatte seine Berufung gefunden.

Nach dem Kurzbesuch in dieser anderen Welt kam ich wieder in unserer Wohnung an. Ich verabschiedete die Babysitterin und stürzte mich zurück ins Chaos: Geschirr spülen, Hausaufgaben korrigieren, Abendessen kochen, fünf Kinder ins Bett bringen. Irgendwann war dann endlich Ruhe.

Um zweiundzwanzig Uhr fiel ich auf die Couch in unserem Wohnzimmer und atmete tief durch. Ich schloss die Augen und sprach ein Gebet: »Danke, Gott, dass du David im Gefängnis behütest. Danke, dass du ihn irgendwann nach Hause bringst.«

Und dann kam mir noch eine Frage über die Lippen, schnell und unerwartet ausgesprochen: »Gott, siehst du eigentlich auch mich?«

Ich öffnete die Augen, sie füllten sich mit Tränen. Ich wiederholte die Frage in den leeren Raum hinein: »Siehst du mich?!«

David: Nach neun Tagen wurde ich entlassen. Wie schon bei meiner ersten Haft wollten mich die Behörden davon überzeugen, das Land zu verlassen. Ich weigerte mich und so kam es zu einem weiteren Prozess. Bevor ich die Abschiebehaft verließ, wurde ich noch einmal dem Gefängnisdirektor vorgeführt, der extra nach mir verlangt hatte.

»In all meiner Zeit hier habe ich niemanden gesehen, der so wie Sie auf Basis des Rechts freigelassen wurde«, sagte er mir.

Dafür gab es zwei Gründe: Erstens hatte sich die Türkei in den Jahren, seit er das Gefängnis führte, stark verändert. Das Recht hatte sich zu unseren Gunsten gewandelt, auch wenn das sicher nicht Erdoğans Absicht gewesen war. Zum anderen hatte dieser Direktor nicht viele Häftlinge erlebt, die derart auf ihr Recht gepocht hatten wie ich. Noch in der Haft hatte mich unsere Anwältin Isil Cetin besucht, die uns in den kommenden Jahren vertreten würde. Wir hatten sie über unsere Gemeinde in Istanbul kennengelernt. Heute ist sie mittlerweile spezialisiert auf Fälle wie unseren und hat im Laufe der Jahre viele Christen in der Türkei vor Gericht verteidigt. In diesem Jahr 2011 erwirkte sie, dass ich aus der Haft entlassen werden konnte und wir einen ordentlichen Prozess bekamen – den wir gewannen. Cetin war selbst keine Christin, wurde aber über die Jahre eine gute Freundin unserer Familie.

Kaum ein Abschiebehäftling, vielleicht keiner in Istanbul, hat wohl je einen Kampf wie wir eröffnet. Wir haben Zeichen gesetzt und Spuren hinterlassen, auf viele verschiedene Arten. Dabei hatten wir nie eine Ahnung, was vor uns lag. Aber Gott hat uns in viele Abenteuer geschickt und nie enttäuscht.

Ulrike: Dachte ich in diesen Tagen, unsere Zeit in der Türkei könnte zu Ende gehen? Ich glaube schon.

An einem Vormittag saß ich in der Fähre, die mich täglich über den Bosporus fuhr und näher zu David brachte – eine übliche Route für viele Istanbuler. Der Weg war traumhaft schön: Links und rechts am Ufer befanden sich kleine Cafés, die Sonne schien auf das blaue Wasser, die Silhouette der Stadt mit ihren Moscheen und Türmen, den Minaretten und ihren historischen Gebäuden zeichnete ein wunderhübsches Bild vor den Horizont. Ich saß dort auf diesem Schiff, einen Kaffee in der Hand, und dachte zum vielleicht ersten Mal: *Wenn wir wirklich gehen müssten, ich würde Istanbul, das Flair der Stadt, meine Freunde, meine Nachbarn, meine Gemeinde vermissen.*

Die ersten Jahre waren nicht leicht gewesen, aber eines erkannte ich in diesem Moment: Diese laute, lebendige, riesige Stadt mit ihren kommunikativen, liebenswerten Einwohnern, dieses Land am Rande Europas, ich hatte es lieben gelernt, es war mein Zuhause geworden. Ich wollte nicht weg. Nach all den Jahren war ich verwachsen mit einer Kultur, die mir einst fremd gewesen war. Meine Kinder gingen hier zur Schule und hatten Freunde gefunden.

Nein. Wir würden bleiben. Wir würden kämpfen. Für uns und dieses Land, das unsere Heimat geworden war.

David: Im Laufe der kommenden Jahre entfernte sich die Türkei wieder von Europa.

Die AKP blieb zwar an der Macht. Doch es formierte sich massiver gesellschaftlicher Protest – vor allem gegen den alten und neuen Ministerpräsidenten selbst. Denn in seiner nun dritten Amtszeit verfolgte er mehr und mehr islamisch-konservative Ziele. Viele Türken wünschten sich von ihm mehr Demokratie. Mehr EU. Mehr Liberalität. Dass ihr Präsident den Laizismus und die Macht des Militärs in der Türkei zunehmend zurückdrängte, verstanden die meisten lange Zeit als Sieg für individuelle Freiheiten und auch als Schritt hin zu mehr Rechtsstaatlichkeit. So wie auch wir unsere gewonnene Religionsfreiheit schätzten, schätzten die Türken das Recht, endlich wieder mit Kopftuch an die Universität gehen zu dürfen oder in andere öffentliche Einrichtungen.

Doch was nach Freiheit roch, entwickelte sich zu einer neuen Islamisierung des Landes. Die Regierung verbot den Alkoholausschank nach zweiundzwanzig Uhr. Sie forderte die Frauen des Landes auf, mindestens drei, besser noch fünf Kinder zu bekommen, um das Wachstum der Bevölkerung zu fördern. Der Präsident sprach sich öffentlich gegen Homosexualität aus, weil sie der Kultur der Türkei widerspreche. Und er setzte sich dafür ein, das Recht auf Abtreibungen zu beschränken. Doch nicht nur das: Der Umbau des politischen Systems hin zu einer Präsidialdemokratie mit neuer Verfassung war in vollem Gange. Der Staat führte Prozesse gegen politische Gegner, Intellektuelle und kritische Journalisten und inhaftierte sie unter dem Vorwand der Terrorabwehr. Der Internetzugang der Bevölkerung wurde eingeschränkt.

Ausländische Regierungen wie die USA oder Deutschland beobachteten die Entwicklungen mit Argwohn und auch internationale Menschenrechtsorganisationen traten auf den Plan, um die Regierung in Ankara zu kritisieren. Im Innern des Landes war die gesellschaftliche Lage entsprechend angespannt. Und wie so oft brauchte es nur einen Funken, um das Feuer des Widerstandes zu entfachen.

Dieser Widerstand entzündete sich im Jahr 2013 an einem Großbauprojekt im Gezi-Park in Istanbul, einer der bis dahin letzten großen Grünflächen der Stadt. Dort sollte ein Einkaufszentrum entstehen, das zudem an eine historische militärische Einrichtung erinnern sollte. Als am 27. Mai 2013 die ersten Bagger zur geplanten Großbaustelle fuhren, stellte sich ihnen eine Protestgruppe in den Weg. Fliegende Steine, Pfefferspray, Wasserwerfer und Tränengas kamen zum Einsatz. Doch anstatt die Aufstände damit niederzuschlagen, entfachte die Polizei ungewollt einen viel größeren Protest.

Schon wenige Tage später versammelten sich Zehntausende im Gezi-Park und auf dem daneben liegenden Taksim-Platz und später auch in weiteren Städten der Türkei. Tausende wurden festgenommen, es gab Verletzte und sogar zehn Tote. In anderen Ländern, auch in Deutschland, versammelten sich wiederum Demonstranten zu Solidaritätskundgebungen mit den Aufständlern. Die Proteste ähnelten einem Flächenbrand, der ein Jahr lang die ganze Türkei erfasste, bis er schließlich nach und nach abflaute.

Neben den vielen Opfern ließen die Proteste vor allem eines zurück: die Erkenntnis, dass sich am Bosporus im Laufe der Jahre vieles verändert hatte. Und zwar nicht zum Guten. Der Riss, der das Land von Europa trennte, brach weiter auf, bis er einer Schlucht ähnelte. Der Westen wandte sich aus Solidarität mit den Opfern des Protests gegen Erdoğan. Und mit dessen Offenheit gegenüber der EU war es vorbei.

Für uns Missionare auf der Straße änderte der neue politische Konservatismus nichts. Wir durften weiter über Jesus sprechen. Und das taten wir. Was wir aber bemerkten, war, wie polarisiert die Türkei nun dastand.

Vor allem junge Muslime wandten sich vom Islam ab, weil sie der konservativen und autoritären Politik nicht folgen wollten. Sie sagten Dinge wie: »Wenn das der Islam ist, dann will ich nicht mehr gläubig sein.« Und wurden Atheisten. Andere hielten ihrem Präsidenten die Stange und verteidigten ihn lautstark. Insgesamt hatte ich den Eindruck, dass uns immer weniger vehemente Verteidiger des Islams auf der Straße begegneten. Stattdessen trafen wir immer häufiger auf Menschen, die uns zuhörten – vielleicht auch als eine Form des Protestes.

Als die Hoffnung der Türken auf einen EU-Beitritt schwand, schrumpfte auch die Toleranz der öffentlichen Autoritäten gegenüber christlichen Missionaren. Das staatliche Misstrauen wuchs. Wir lebten jetzt seit fünfzehn Jahren in der Türkei. Die Judikative, die uns über Jahre hinweg so gut geschützt und säkulare Prinzipien bewahrt hatte, wurde nach und nach ebenfalls von proislamischen Richtern und Anwälten übernommen. Die juristischen Grenzen, die uns einst geschützt und dabei geholfen hatten, in der Türkei zu bleiben, begannen zu bröckeln.

Mir schwante nichts Gutes. Es war das Jahr 2016 und ich saß vor dem Schreibtisch eines Mitarbeiters der Polizei.

Die Verlängerung meines Visums hatte angestanden, ich hatte mich deshalb schriftlich bei den Behörden angemeldet, aber über Wochen keine Antwort erhalten, bis ich schließlich auf Nachfrage meiner Anwältin wieder einmal bei der Polizei einbestellt worden war.

Tatsächlich griff nun der vor mir im Büro sitzende Mitarbeiter nach einigen Klicks mit seiner Maus und kurzem Blick auf seinen Bildschirm nach dem Telefonhörer. Er murmelte etwas Unverständliches hinein und wenige Sekunden später betraten zwei weitere Polizisten den Raum. Sie erklärten mir, dass ich mit ihnen kommen müsse. Ich sollte nach einer Nacht in Gewahrsam erneut in der Abschiebehaft landen. Ohne neue Aufenthaltsgenehmigung, versteht sich.

Doch anstatt mich zu ärgern oder ängstlich zu werden, war ich voller Freude. Ich wusste, wie viele Menschen ich dort erreichen konnte. Ein neues Abenteuer mit Gott lag vor mir. Und es hielt für mich die ermutigendste Geschichte bereit, die ich in all den Jahren in der Türkei erlebt habe.

Denn in der Zelle auf der Polizeistation traf ich Salih, einen rauen Kurden mit kurzem Bart. Er war ungepflegt und dreckig und sah aus, als käme er direkt von der Straße. Was nicht ganz falsch war, wie ich später herausfand.

»Was machst du hier?«, fragte er mich, kaum, dass ich in die Zelle geschoben worden war.

Ohne zu überlegen, antwortete ich: »Ich bin hier, weil Gott mich zu dir geschickt hat.«

»Ich glaube nicht an einen Gott, den ich nicht sehen kann«, antwortete Salih.

Ich lächelte und gab zurück: »Der Gott, an den ich glaube, hat die Kraft, sich dir vorzustellen.«

Und so kamen wir ins Gespräch. Salih hatte lange Jahre im Rotlichtviertel gearbeitet. Er hatte vermutlich alles getan, was man dort Schlimmes tun konnte: Er war in Menschenhandel verwickelt gewesen, in Drogendelikte und Diebstahl. Die Polizei hatte ihn schon lange gesucht und wenige Tage vor unserem Kennenlernen mit gefälschtem Pass aufgegriffen und festgenommen. Nach drei Tagen voller Verhöre hatte Salih seine wahre Identität zugegeben.

Nun, da die Behörden sicher beweisen konnten, wer er wirklich war, stand ein Gerichtsprozess an, der nur dramatisch für ihn enden konnte. Vor Salih lagen aufgrund seiner zahlreichen schweren Verbrechen mindestens zehn Jahre Haft. Entsprechend schlecht war seine Laune an diesem Tag.

Nachdem ich all das über meinen neuen Bekannten erfahren hatte, zog ich ein Neues Testament auf Türkisch aus meiner Jackentasche. Ich hatte es in weiser Voraussicht eingesteckt, als ich mich auf den Weg zur Polizei gemacht hatte. Schließlich wusste ich nie, wem ich unterwegs begegnete. Was ich aber wusste, war: Alles aus Papier durfte ich im Falle einer Festnahme immer behalten. Ich hielt also dieses Büchlein in meinen Händen und zeigte es Salih. »Kennst du Gottes Wort?«, fragte ich ihn.

»Was soll das schon sein«, knurrte er.

Als Kurde, der zeit seines Lebens unter der Nichtanerkennung durch die Türken gelitten hatte, hasste er den Islam. Er konnte nicht glauben, dass es einen Gott geben sollte, der Gewalt guthieß, wie Salih es von den Selbstmordattentätern und anderen radikalen Muslimen kannte, und war deshalb überzeugter Atheist.

Ich gab ihm das Neue Testament. Er schlug es willkürlich auf und landete im Johannesevangelium bei der Geschichte über die Ehebrecherin, die gesteinigt werden soll. Er las laut vor:

Während er sprach, brachten die Gesetzeslehrer und Pharisäer eine Frau herein, die sie beim Ehebruch ertappt hatten. Sie stellten sie in die Mitte. »Meister«, sagten sie zu Jesus, »diese Frau ist auf frischer Tat beim Ehebruch ertappt worden. Nach dem Gesetz Moses muss sie gesteinigt werden. Was sagst du dazu?«
Johannes 8,3-5

Salih blickte auf und sagte mit Wut im Gesicht: »Ist das dein Ernst? Deine Religion fordert dieselbe Gewalt wie der Koran?! Was soll ich damit?«

Ich schickte ein kurzes Stoßgebet zum Himmel und fragte Gott innerlich, warum er ausgerechnet diese Verse ausgewählt hatte, antwortete aber ganz ruhig: »Lies weiter.«

Denn immerhin wusste ich, wie die Geschichte ausging. Salih ließ sich überzeugen und las weiter laut vor, bis er zu der Stelle kam, wo Jesus zu den Pharisäern sagt: »Wer von euch ohne Sünde ist, der soll den ersten Stein auf sie werfen!« (Johannes 8,7). Plötzlich veränderte sich etwas in Salihs Gesicht. Er blickte auf. Schaute wieder auf den Text vor sich. Und lächelte. »Ich mag diesen Jesus-Typen«, sagte er.

Damit endete unser Gespräch, denn Salih hatte nun Wichtigeres zu tun: Er vertiefte sich ganz und gar in mein Neues Testament. Ich konnte mir gut vorstellen, warum ihn ausgerechnet die Stelle mit der Ehebrecherin so angesprochen hatte. Denn immerhin hatte ich es hier mit einem Typen zu tun, der als Zuhälter Geld gemacht hatte. Und diese Bibel sagte ihm etwas, was er noch nie zuvor gehört hatte: dass nicht nur er ein Sünder war, sondern auch all die Menschen um ihn herum, die ihn anklagten. Auch die, die ihn ins Gefängnis stecken würden. Er war nicht schlechter als die anderen. Gott zeigte seine Gnade jedem. Was für eine Botschaft für einen Verbrecher!

Doch damit ist die Geschichte noch nicht zu Ende. Salih war bereits seit einigen Minuten ins Lesen vertieft, da wurde ein zweiter Mann in unsere Zelle gebracht. Er und ich begannen uns zu unterhalten, und wie es meine Art war, erzählte ich von Jesus. Aus irgendeinem Grund zitierte ich aus dem Johannesevangelium und sagte den Satz, den Jesus zu seinen Jüngern spricht: »Ihr werdet die Wahrheit erkennen, und die Wahrheit wird euch frei machen« (Johannes 8, 32).

In dem Moment unterbrach Salih abrupt seine Lektüre und sah uns entgeistert an. »Was du sagst, stimmt«, sagte er staunend. »Ich habe es genau in diesem Moment hier gelesen.«

Wir drei schauten uns an und konnten kaum glauben, was gerade geschehen war. Salih hatte in dem Moment, in dem ich diese Worte ausgesprochen hatte, genau dasselbe Zitat in der Bibel gelesen, die ich ihm Minuten zuvor gegeben hatte. Was für ein göttlicher Moment. Ich bin mir sicher: Nicht nur ich, sondern auch meine beiden Zellennachbarn wussten damals sofort: *Wir haben gerade das Reden Gottes gehört.*

Die Nacht verbrachten wir auf den Pritschen in der Zelle. Am nächsten Morgen sagte Salih zu mir: »David, das wirst du vielleicht nicht glauben, aber ich habe heute Nacht geträumt, dass Gott mit mir gesprochen hat. Er sagte, er hätte dich extra für mich hierhergeschickt.«

Was wir am Tag zuvor erlebt hatten, war für Salih schon bewegend gewesen, aber nun blickte er mich nur still an und ich sah, wie sehr er sich nach Liebe sehnte. Ich dachte bei mir: *Habe ich dir nicht gesagt, dass Gott sich jedem zeigen kann?*

Leider blieb uns nicht mehr viel gemeinsame Zeit. Salih wurde kurz danach abgeholt. Ich sah noch, wie die Polizisten ihm das Neue Testament wegnahmen, vielleicht, weil ihnen nicht gefallen hatte, dass er sich so dafür interessierte. Das wird Salih sehr geschmerzt haben, aber ich bin fest davon überzeugt, dass ein Mensch, der Gott so erlebt, ihn nie wieder wirklich loslassen kann.

Für mich ging es weiter in die Abschiebehaft.

Dort hatte ich so viele Begegnungen, die auf so viele Arten bemerkenswert waren, dass ich gar nicht weiß, wo ich anfangen soll.

Da war zum Beispiel ein Turkmene, den ich gleich zu Beginn meiner Zeit in der Abschiebehaft kennenlernte. Von Anfang an hatte ich die Nähe der turkmenischen Gruppe gesucht, denn immerhin hatte ich lange in ihrer Heimat gelebt, sprach die Sprache und kannte die Kultur.

Ich ging also immer mal wieder in die Zelle der Turkmenen und da fiel mir ein Mann besonders auf: Er war vielleicht fünfunddreißig Jahre alt, mittelgroß und unscheinbar. Aber er trug diesen bitteren Gesichtsausdruck mit sich, wohin er auch ging. Es war ihm anzusehen, dass er ein hartes Leben hinter sich hatte. Dieser Mann sprach wenig, hörte aber aufmerksam zu. Er hatte sein Bett in einer Ecke der Zelle und schlief immer so, dass er im Zweifel alles überblicken konnte. Er schien sehr ängstlich zu sein.

Eines Tages riss und zerrte er mit aller Kraft an seinem Bett, bis er ein Stück Metall abgebrochen hatte. Es musste schon vorher lose gewesen sein, wie sonst hätte ein Mann nur mit seinen bloßen Händen ein solches Kunststück vollbringen sollen! Als er das etwa sechs Zentimeter lange, dreieckige Metallteil schließlich mithilfe eines Stücks Stoff in der Hand hielt, begann er, es erneut zu bearbeiten, diesmal mit seinen Schuhen. Er drückte es gegen die Wand, gegen das restliche Metall des Bettes, ackerte und schuftete – bis es schließlich vorne spitz zulief. Dieser Turkmene hatte sich ein Messer gebaut! Und das, ohne dass die Wachen etwas gemerkt hatten.

Mir wurde ganz mulmig bei dem Gedanken, was alles passieren konnte, nun, da hier ein ängstlicher Mann mit einer Waffe mitten unter Drogenkranken, Extremisten und Verzweifelten saß. Ich tat, wofür ich geschaffen bin: Ich ging zu ihm hin und gab ihm eine meiner Bibeln.

Der Mann war neugierig, hatte aber viel zu viel Angst, dieses Buch öffentlich zu lesen. Also schlug er es in unauffälliges Papier ein, nahm es mit in seine Zelle und versteckte es unter der Matratze. Niemand bemerkte etwas. Er war offensichtlich gut darin, Dinge zu verbergen, seien es Waffen oder Bibeln.

Trotz seiner Angst spürte ich, dass er Interesse am Glauben hatte. Also suchte ich das Gespräch mit ihm. Je mehr ich ihm von mir erzählte, desto mehr entspannte er sich. Ich glaube, er spürte auch, dass ich die Turkmenen schätzte. Natürlich hatte er schon vor unseren ersten Gesprächen gewusst, dass ich ein Missionar war. Diese Nachricht hatte sich wie immer in Windeseile im Gefängnis verbreitet. Doch der Mann fand das offenbar nicht anstößig, sondern eher interessant. Vermutlich hatte er noch nie jemanden getroffen, der so offen und ehrlich mit seinem Glauben umging wie ich. Erst recht nicht, wenn dieser Glaube im Aufenthaltsland nicht gerade angesehen war. Er sah, dass ich keine Angst hatte. Dass ich friedlich war, sogar fröhlich – trotz aller Umstände.

Vielleicht irrte ich mich, aber ich meinte zu beobachten, dass sogar der bittere Ausdruck in seinem Gesicht sich mit den Stunden und Tagen verwandelte. Gelegentlich lächelte er sogar. Und dann, irgendwann, sprach er mit mir über seine Familie. Ich erfuhr, dass er kleine Kinder in Turkmenistan hatte. Dass er in der Türkei war, um Geld zu verdienen, damit er seine Familie zu Hause versorgen konnte. Das Heimweh zerriss ihn. Seine Arbeitgeber in Istanbul hatten ihn behandelt wie einen Sklaven. Sie nutzten seine Not aus, ließen ihn für kleines Geld schuften. Lange Zeit hatte er in einem der schlechtesten Viertel von Istanbul vor sich hin gehaust. War in viele Schlägereien verwickelt gewesen. Vor mir saß ein gebrochener Mann, der sich nach Heimat und Familie sehnte. Gläubiger Muslim war er nicht, die Religion war wie bei vielen anderen nur so etwas wie sein kultureller Hintergrund.

Gleichzeitig kam ich in Kontakt mit einem etwa dreißigjährigen ledigen Kurden namens Azad aus dem Nordirak. Er war aus seiner Heimat geflohen, weil er den Krieg und die Armut hinter sich lassen wollte. Er wusste schon einiges über das Christentum, kannte Jesus und suchte das Gespräch mit mir, als er merkte, dass ich Bibeln verteilte. Der Islam hatte ihn enttäuscht, zugleich bewunderte er die Länder der sogenannten christlichen Welt für ihre Fortschrittlichkeit, Demokratie, Rechtsstaatlichkeit und Menschenrechte. Er hatte eine Sehnsucht nach Europa und auch nach der europäischen Kultur. Dazu gehörte der christliche Glaube, das war ihm klar. Und es machte ihn neugierig.

So fanden wir uns plötzlich zu dritt wieder, die vielleicht verrückteste Kleingruppe der Türkei: ein Turkmene, ein Kurde aus dem Irak und ein Missionar aus den USA, die in türkischer Abschiebehaft gemeinsam um einen kleinen Tisch herum saßen und über die Bibel sprachen.

Anfangs unterhielten wir uns nur, aber ich schlug irgendwann vor, einen Gottesdienst zu feiern. Das erschien sogar für unseren ängstlichen Freund möglich, denn die Häftlinge schliefen immer sehr lange. Es gab dort im Gefängnis kaum einen Rhythmus außer dem, den die Mahlzeiten vorgaben. Die Männer waren oft bis spät in die Nacht wach und schliefen bis mittags. Hinzu kam, dass sonntags das Frühstück später serviert wurde. Es war also klar: Wenn wir uns am Sonntagmorgen für einen Gottesdienst verabredeten, dann würde uns niemand bemerken. Wir sprachen ab, uns um neun Uhr am Morgen in meiner Zelle zu treffen.

Der Mut meines turkmenischen Freundes hatte doch nicht ausgereicht. Am Sonntagmorgen kam er nicht. Aber Azad setzte sich zu mir. Irgendwie begeisterte ihn die Idee, dass es keine besondere religiöse Autorität und auch kein Kirchengebäude brauchte, um einen Gottesdienst zu feiern. Wir konnten uns einfach dort im Grau des Istanbuler Abschiebegefängnisses auf den dreckigen Boden setzen und Gott begegnen. Und das taten wir.

Ich betete am Anfang mit gedämpfter Stimme. Dann nahm ich eine meiner Bibeln in die Hand. Zwischen Doppelstockbetten, vergitterten Fenstern und Stahltüren begann ich, laut zu lesen:

»Der Herr ist mein Hirte, ich habe alles, was ich brauche. Er lässt mich in grünen Tälern ausruhen, er führt mich zum frischen Wasser. Er gibt mir Kraft. Er zeigt mir den richtigen Weg um seines Namens willen. Auch wenn ich durch das dunkle Tal des Todes gehe, fürchte ich mich nicht, denn du bist an meiner Seite. Dein Stecken und Stab schützen und trösten mich. Du deckst mir einen Tisch vor den Augen meiner Feinde. Du nimmst mich als Gast auf und salbst mein Haupt mit Öl. Du überschüttest mich mit Segen. Deine Güte und Gnade begleiten mich alle Tage meines Lebens, und ich werde für immer im Hause des Herrn wohnen.«
Psalm 23,1-6

Mein Gegenüber verfolgte jedes meiner Worte aufmerksam. Nach der Psalmlesung betete ich: »Gott, du bist der Gott der Armen und Einsamen, der Verlassenen und Schwachen. Mach uns hier in diesen Mauern stark. Geheiligt werde dein Name, dein Reich komme, dein Wille geschehe. Amen.«

»Amen!«, sagte Azad leise, aber bestimmt.

Wir saßen dort für etwa zehn Minuten zusammen. Es war vielleicht einer der kürzesten Gottesdienste meines Lebens. Und auch der vermutlich kleinste, schließlich waren wir nur zu zweit. Aber eines kann ich sagen: Es war auch einer der bewegendsten Gottesdienste. Versteh mich nicht falsch – ich habe im Laufe meines Lebens große christliche Events besucht, war in Megakirchen in den USA mit Tausenden von Besuchern und habe den aufwendigsten Lobpreis gehört. Aber dieser Moment, den wir dort in der Zelle mitten in Istanbul teilten, der war heilig.

Während mein kurdischer Freund noch eine Weile mit mir in Haft blieb, wurde mein turkmenischer Mithäftling kurze Zeit später entlassen. Vielleicht arbeitet er bis heute schwarz in Istanbul, wer weiß. Ich habe ihn nie wiedergesehen. Aber ich glaube fest daran, dass unsere Begegnung bei ihm Spuren hinterlassen hat, auch wenn er es im Gefängnis nicht gewagt hatte, zu unserem Gottesdienst zu kommen. Gott geht mit jedem Menschen seinen eigenen Weg, das habe ich in all den Jahren gelernt.

Wie auch schon während meiner letzten Haft besuchte mich Ulrike jeden Tag. Oft wartete ich schon am Fenster auf sie, denn von der Toilette aus konnte man direkt auf die Warteschlange am Eingang schauen.

An einem dieser Tage stand ich also an diesem Fenster, winkte meiner Frau durch die Gitterstäbe zu und rief etwas auf Englisch durch das geöffnete Fenster herunter. So lernte ich Ahmad kennen, einen Afghanen, der sich ebenfalls gerade in dem Toilettenraum aufhielt. Er sprach mich an, weil er mein Englisch gehört hatte, und es stellte sich heraus, dass er jahrelang mit einer christlichen norwegischen Hilfsorganisation in seinem Heimatland zusammengearbeitet hatte. Wahrscheinlich hatte er Übersetzungstätigkeiten für sie gemacht hat oder etwas in der Art. Auf jeden Fall war er nachhaltig beeindruckt von der Arbeit dieser Gruppe und das wiederum hatte ihm einen positiven Zugang zum Westen und zum christlichen Glauben verschafft. Nur eines hatten die norwegischen Christen in Afghanistan nicht getan: ihm wirklich erklärt, was es mit Jesus Christus auf sich hatte. Dafür hatte Gott nun offenbar mich in dieses Gefängnis gebracht.

Der Job bei den Norwegern hatte Ahmad viel gekostet, denn die Taliban waren nicht glücklich mit seiner Arbeit für den Westen gewesen. So hatten ihn seine Eltern eines Tages gewarnt, dass die Islamisten es auf ihn abgesehen hätten, und Ahmad hatte sich auf den Weg in den Westen gemacht. Zu Fuß! So war er in der Türkei gelandet. Als ich dieses Mal im Gefängnis war, waren dort viele wie er. Afghanen, die einen beschwerlichen Weg auf sich genommen hatten, um den Extremisten in ihrer Heimat zu entkommen. Man hatte sie kurz nach ihrer Ankunft in der Türkei aufgegriffen – müde, dreckig, ohne auch nur das Geringste zum Überleben. Die Zelle der Afghanen und Pakistaner war hoffnungslos überfüllt. Anstatt nur die fünfzehn vorhandenen Hochbetten zu belegen, hatten die Polizisten fünfzig Männer in diesen einen Raum gepfercht. Und sie alle trugen noch immer nur das am Leib, mit dem sie in ihrer Heimat aufgebrochen waren. Sie waren in einem schrecklichen Zustand und in der Zelle roch es wie im Pumakäfig.

So schickte ich Ulrike bei ihrem ersten Besuch los, um Kleidung für meine Mithäftlinge zu kaufen. Ich kam mir vor wie der Weihnachtsmann, als ich am nächsten Tag all die Unterwäsche und Socken, Schuhe und T-Shirts verteilte. Ahmad hatte mir schon beim Erstellen der Bedarfslisten geholfen und nun verteilte er all die Kleidungsstücke gemeinsam mit mir. Es war ein richtiges Fest, aber nicht alle freuten sich über unsere Verteilaktion. Auch dieses Mal gab es eine Zelle mit IS-Kämpfern und die beobachteten uns argwöhnisch.

Später an diesem Tag ergriffen sie Ahmed, zerrten ihn in ihre Zelle und bedrohten ihn. »Warum arbeitest du mit diesem Ungläubigen zusammen?!«, fuhren sie ihn an. Wenn er nicht aufhörte, würden sie ihm heißes Wasser über das Gesicht schütten, erklärten sie voller Wut.

Ahmad berichtete mir danach von dem Vorfall. Einerseits war er voller Angst, andererseits brachte ihn dieses Erlebnis endgültig weg vom Glauben seiner Kindheit. Die nächsten Tage bis zu seiner Entlassung erzählte ich ihm von meinem Leben, meinen Erfahrungen, der Kirche und Gott, wie ich ihn kennengelernt hatte. Die IS-Kämpfer ließen ihn in Ruhe.

Ich wurde nur wenige Tage später als Ahmad aus der Abschiebehaft entlassen. Ich kam nach acht Tagen frei, weil meine Anwältin die Entlassung erwirkte. Bei Ahmad hoffte man, dass er das Land von sich aus verlassen würde. Wie immer war der Staat nicht bereit dazu, Rückführungen zu bezahlen. Die Behörden setzten darauf, dass Ahmad mit der Aussicht auf weitere Gefängnisaufenthalte wegen illegaler Einreise von selbst wieder gehen würde. Doch stattdessen suchte er mich auf Facebook!

Hast du einen Schlafplatz für mich? Diese Nachricht bekam ich von Ahmad am Abend meiner Entlassung. Dass er mich erreichen konnte, war an sich schon bemerkenswert. Denn kurz nach seiner Entlassung war er ausgeraubt worden. Sein Telefon besaß er zwar noch, aber das Display war gerissen und kaum nutzbar. Als er mich mithilfe des zerstörten Geräts kontaktierte, war es bereits mitten in der Nacht. Ich lese selten meine Facebook-Nachrichten, aber an diesem Abend tat ich es.

Ahmad war allein und hilflos. Wir fanden heraus, dass er sich auf der anderen Seite Istanbuls aufhielt. Doch ich hatte einen Freund, der in seiner Nähe lebte. Ich rief ihn sofort an und irgendwie schafften Ahmad und er es, sich zu treffen. So verbrachte mein ehemaliger Mithäftling die Nacht in der warmen und komfortablen Wohnung meines Freundes.

Am nächsten Tag kam Ahmad zu uns. Er würde in unserem Wohnzimmer übernachten und fühlte sich ganz offensichtlich pudelwohl in unserem kleinen Zuhause. Als ich am nächsten

Morgen in sein Zimmer kam, fand ich ihn mit einer Bibel in der Hand auf dem Sofa sitzend vor. Unsere Bücherregale waren voll mit christlicher Literatur, er hatte sich schon am Abend zuvor ein Neues Testament herausgezogen und offensichtlich die ganze Nacht hindurch darin gelesen.

Am Frühstückstisch stellte er tausend Fragen über das, was er gelesen hatte. Wir beschlossen, ihn mit in den Gottesdienst zu nehmen. Danach war Ahmad hellauf begeistert.

»So etwas habe ich noch nie erlebt! Ihr betet für andere und nicht nur für euch selbst«, sagte er.

Seine früheren muslimischen Lehrer hatten ihm beigebracht, dass er nur für sich selbst vor Gott treten solle. Noch am selben Tag beteten wir gemeinsam und Ahmad bekannte sich zum christlichen Glauben. Und das alles nur, weil ich zur richtigen Zeit in einer Gefängnistoilette gestanden und aus dem Fenster gerufen hatte! Gottes Wunder sind wirklich unbegreiflich.

Ahmad blieb in Istanbul und begann, bei einer christlichen Hilfsorganisation für Flüchtlinge zu arbeiten. Er heiratete eine Christin aus dem Ausland und irgendwann verließen die beiden das Land wieder. Wer weiß, was aus ihm geworden wäre, wenn er Gott nicht kennengelernt hätte.

Für mich stand nach meiner Entlassung ein weiterer Prozess vor Gericht an. Es war für uns zu einer seltsamen Routine geworden. Bis zu diesem Zeitpunkt hatte ich bereits mehrere Prozesse gegen das Innenministerium eröffnet und alle gewonnen. Bis auf diesen.

EIN LANGER ABSCHIED

2017–2019

David: Es konnte nicht ewig so weitergehen. Das wussten wir.
Im Laufe der Jahre blieben wir im Blick der Behörden. Und
je mehr sich die türkische Regierung von Europa entfernte, desto
kritischer beäugte uns die Polizei und desto schwieriger wurde es
für uns, gültige Aufenthaltsgenehmigungen zu erhalten.

Dann veränderte der Fall eines anderen Missionars am Ende
alles. Sein Name ist weltbekannt geworden: Andrew Brunson.

Brunson, Amerikaner wie ich, hatte bereits seit 1993 als Missionar in der Türkei gelebt und 2010 in der Stadt Izmir die Auf-
erstehungskirche gegründet. Als er im Jahr 2016 wieder einmal sein
Visum verlängern musste, wurde er festgenommen. Doch anstatt
wie ich nach einigen Tagen wieder freizukommen, blieb Andrew
Brunson in Haft.

Die Vorwürfe gegen ihn wogen schwer, denn die Behörden warfen ihm vor, Mitglied einer bewaffneten Terrororganisation zu sein,
spioniert zu haben, die kurdische Bewegung PKK zu unterstützen
und überdies einen kürzlich gescheiterten Putsch unterstützt zu
haben. Zwar war Brunson in der Vergangenheit des Öfteren ins
kurdische Gebiet gereist, hatte dort aber vor allem syrischen Flücht-
lingen geholfen. Westliche Experten waren sich schnell einig: An

den Vorwürfen war nichts dran. Und auch Brunson beteuerte seine Unschuld. Kein Wunder, denn ihm drohten in der Türkei bis zu fünfunddreißig Jahre Haft.

Der damalige US-Präsident Donald Trump forderte im Jahr 2017 die Freilassung meines Missionarskollegen, doch der türkische Präsident machte ihm stattdessen ein Gegenangebot. Brunson sollte ausgetauscht werden gegen den in den USA lebenden muslimischen Prediger Fethullah Gülen, den die Regierung in Ankara für den Putschversuch ein Jahr zuvor verantwortlich machte. Präsident Trump weigerte sich, stattdessen erhob er Strafzölle auf Stahl und Aluminium, die die Türkei wirtschaftlich schwächten. Die Türkei reagierte mit höheren Einfuhrzöllen auf US-Produkte.

Am 12. Oktober 2018 wurde Brunson wegen der angeblichen Unterstützung einer Terrororganisation verurteilt – aber sogleich freigelassen, da er seine Haftstrafe in den vergangenen zwei Jahren bereits abgesessen hatte. Er reiste sofort in die USA aus und wurde vom Präsidenten im Weißen Haus empfangen. Dass die Türkei am Ende ohne Gülen und ohne Brunson dastand und die diplomatische Krise eine Inflation herbeigeführt hatte, war wohl eine der größten Niederlagen ihres ohnehin durch die versuchte Machtübernahme 2016 geschwächten Präsidenten.

Kurz nach Brunsons Inhaftierung verlor ich den ersten Prozess meines Lebens. Dabei ging es immer noch um meinen Gefängnisaufenthalt im Jahr 2016. Seitdem hatten die Türken mir keine langfristige Aufenthaltsgenehmigung ausgestellt, der Prozess dauerte noch an. Der Staat wollte mich ausweisen, weil ich »christliche Propaganda« verbreitete, wie sie behaupteten. Ich sei eine »moralische Gefahr« für die Öffentlichkeit. Ich harrte der Dinge, hoffte aber natürlich auf das Beste, denn ich war es gewohnt, meine Verfahren zu gewinnen. An einem Tag im Januar 2017 erlebte ich deshalb eine der wohl größten Enttäuschungen meines Lebens.

Ich war schon lange nicht mehr selbst vor Gericht aufgetreten, alles wurde durch unsere Anwältin geregelt. Deshalb ging ich wie immer vom Besten aus, als ich ihren Namen auf dem Display meines Handys sah, und nahm ab. Die Nachrichten, die sie für mich hatte, trafen mich wie ein Donnerschlag. Das Gericht sah meine Missionarstätigkeit nicht als normale religiöse Aktivität an, wie es sonst immer der Fall gewesen war und wie sie ausdrücklich vom Gesetz erlaubt war. Stattdessen erachtete man das, was ich tat, als Störung des öffentlichen Friedens. In den Augen der Richter war ich eine Gefahr für das Land, weil mich bestimmte religiöse Menschen im Staat als Gefahr ansehen könnten. Ich störte die Moral und ich störte die nationale Sicherheit, sagten sie. Dabei hatte sich die Art, wie ich predigte, in den letzten zehn Jahren überhaupt nicht verändert. Stattdessen war es die Einstellung der Gerichte, die sich gewandelt hatte. Was sie früher als Teil der Religionsfreiheit beurteilt und deshalb geschützt hatten, war ihnen nun Grund genug, mich abzuschieben.

Ulrike und ich hatten im Laufe der Jahre so viele wundersame Fügungen erlebt, so viele Erfolge, so viele Zeichen, die uns klargemacht hatten, dass Gott uns in der Türkei haben wollte. Es war für uns geradezu surreal, dass das alles nun zu Ende sein sollte. Aber was konnten wir schon dagegen tun?

Wir hielten eine Krisensitzung ab, setzten uns zusammen und besprachen, was geschehen sollte, wenn wir unsere Heimat nun verlassen mussten. Es war schmerzhaft und unendlich traurig für uns, aber die erste Entscheidung, die wir trafen, war die: Wir nahmen diese neue Wendung an. Unsere Zeit in der Türkei würde zu Ende gehen. Offenbar war das Gottes Wille und wir würden uns fügen – wenn auch unter Tränen.

Eines aber war uns wichtig: Wir wollten unseren Kindern einen sanften Übergang ermöglichen. Die Ausweisung betraf glücklicherweise nur mich, da Ulrike niemals öffentlich als Missionarin in Erscheinung getreten war. Ich sollte so schnell wie möglich das Land verlassen. Wir planten, dass Ulrike das Schuljahr mit den Kindern beenden und im Sommer nachkommen würde. Idealerweise würden wir in Deutschland dann in einer Großstadt mit hohem türkischen Bevölkerungsanteil leben, was uns erlauben würde, unsere Arbeit unter anderen Vorzeichen fortzusetzen.

So durchdachten wir den nun anstehenden Ernstfall, wussten aber nicht, dass es doch noch eine letzte Chance für uns gab. Zum Glück hatten wir unsere Anwältin! Isil Cetin dachte nämlich nicht im Traum daran, einfach aufzugeben. Bei unserem nächsten Gespräch schlug sie vor, Beschwerde beim obersten türkischen Gericht, dem Verfassungsgericht, einzulegen.

Wir gaben unser Okay, aber eher halbherzig. Ich hatte nicht die Hoffnung, dass unser kleiner Fall tatsächlich in absehbarer Zeit von den Verfassungsrichtern angesehen werden würde. Oft dauerte es Jahre, bis es zu einer Verhandlung kam. Das war ähnlich wie beim deutschen Bundesverfassungsgericht. Und diese Jahre hatten wir nicht, denn ich musste innerhalb von Tagen packen, alle Zelte abbrechen und in ein Flugzeug steigen.

Doch obwohl wir wenig Hoffnung hatten, ließen wir Cetin machen. Sie war über all die Zeit und die Prozesse hinweg zu einer engen Freundin geworden und wir wussten, dass sie erstens nur das Beste für uns im Sinn hatte und zweitens eine großartige Juristin war. Dennoch: Für uns standen die Zeichen auf Abschied.

Einen Tag vor meiner geplanten Abreise gaben wir eine große Abschiedsfeier für all unsere Lieben und die Menschen, die wir in all den Jahren in der Türkei kennengelernt hatten. Rund fünfzig Kirchenleiter, Freunde und Mitarbeiter des Bibelkorrespondenzkurses kamen zusammen. Wir aßen und lachten, wir weinten und viele, viele unserer Freunde beteten für uns.

Nach diesem Fest traf ich mich mit einem Journalisten, der unsere Geschichte für ein christliches Medium aufschreiben wollte. Wir setzten uns in ein Café und ich begann zu erzählen, da klingelte plötzlich mein Telefon. Es war unsere Anwältin. Und sie war sehr aufgeregt. Was sie mir mit bebender Stimme und in schnellem Stakkato erzählte, ist mir bis heute unbegreiflich.

Noch an diesem Morgen hatte sie einen Eilantrag per Fax zum Verfassungsgericht geschickt. Das war um zehn Uhr gewesen. Jetzt, sechs Stunden später, hatte sie eine Antwort. Und die lautete: Die Richter würden sich unseren Fall ansehen. Bis das geschehen sei, sei jede Ausreiseanweisung gegen mich unwirksam. Ich konnte es kaum glauben, hatte es aber laut Isil Cetin schwarz auf weiß: Ich durfte doch in der Türkei bleiben.

Ich verabschiedete mich rasch von dem Reporter und eilte nach Hause. Gepackte Koffer, meine Familie und ein Haus voller Freunde, die Abschied nehmen wollten, erwarteten mich. Ich trat in den Flur und rief, so laut ich konnte: »Das Verfassungsgericht hat entschieden: Ich darf bleiben!«

Du kannst dir nicht vorstellen, was in unserem Zuhause los war. Aus den Tränen, die noch wenige Stunden zuvor bei unserer Abschiedsfeier geflossen waren, wurde ausgelassenes Lachen, als wir die frohe Botschaft all unseren Freunden und Kollegen weitergaben. Wir tanzten durch den Flur, sangen vor Freude und dankten Gott dafür, dass er uns einmal mehr gesagt hatte: *David, solange ich will, dass du hier bist, kann keine Macht der Erde etwas dagegen tun.*

Weder Ulrike oder ich noch Isil Cetin hätten je damit gerechnet, dass wir in letzter Sekunde eine Nachricht vom höchsten Gericht bekommen würden. Doch wir hatten eines unterschätzt. In diesen Jahren der Islamisierung der Türkei war das Verfassungsgericht so etwas wie die letzte Festung der Säkularen. Rückblickend glaube ich, dass uns dieser Umstand in die Hände gespielt hat.

So freuten wir uns an unserem neuen alten Leben auf türkischem Boden – wohl wissend, dass es jederzeit zu Ende gehen könnte.

Ulrike: *Wow. Das ist das Ende.*

Das war mein erster Gedanke, als ich von unserem ersten verlorenen Prozess erfuhr. David rief mich an diesem Nachmittag an und berichtete mir niedergeschlagen von dem Urteil des Gerichts. Da war mir klar, dass unsere Tage in der Türkei gezählt waren.

Ab diesem Moment ging alles total schnell. Wir besprachen uns kurz, wie es jetzt weitergehen sollte, packten Davids Koffer, organisierten unseren Abschied. Vielmehr Davids Abschied, denn ich würde zum Wohl der Kinder vorerst mit ihnen in Istanbul bleiben. Ich hatte in diesen Tagen keine Minute Zeit, über alles nachzudenken. Die Behörden ließen uns nur vierzehn Tage, um alles zu arrangieren. Wir taten einfach, was nun nötig war.

Ich erinnere mich noch gut an die Abschiedsfeier in Davids Büro einen Tag vor seinem geplanten Abflug. Ich war überwältigt von den ganzen schönen und lobenden Worten, die die Freunde und Kollegen dort über David fanden. Vielleicht auch deshalb, weil ich selbst immer schon ein eher kritischer Mensch gewesen war. Und weil ich David selten auf der Straße und beim Predigen erlebt hatte. Wenn ich mal dabei gewesen war, war mir gleich aufgefallen, dass sein Türkisch nicht perfekt war, und ich hatte mich gefragt, ob wir mit Akzent und mangelnden Vokabeln überhaupt Menschen erreichen würden. Doch bei diesem Abschiedsfest berichteten türkische Kollegen, wie sie David dort erlebt hatten, diesen großen, liebenswerten und vom Glauben überzeugten Amerikaner. Wie er sie motiviert hatte. Und wie sie ihm nacheifern wollten, wenn er nicht mehr in der Türkei sein würde. Das öffnete mir noch mal ganz neu die Augen für die Dinge, die wir gemeinsam in all den Jahren in Istanbul bewegt hatten: David in den Fußgängerzonen und ich zu Hause.

So fuhr ich trotz des traurigen Anlasses recht ermutigt in unsere Wohnung, wo weitere Freunde auf uns warteten, um uns zu verabschieden. David kam später, er hatte noch einen Termin in der Stadt. Und dann geschah das Unglaubliche: Er stand plötzlich im Flur und rief:»Ich darf bleiben!« Was für ein Wechselbad der Gefühle!

So sollte uns plötzlich doch noch Zeit in der Türkei bleiben, knapp zwei Jahre, um genau zu sein, wobei wir das damals natürlich nicht wussten. Unser Leben ging einfach weiter. Es war verrückt. Wir hatten die Chance, an einem neuen Gemeindegründungsprojekt mitzuarbeiten. Eine türkisch-deutsche Familie war aus Deutschland gekommen, um unter Intellektuellen und Künstlern eine Gemeinde zu gründen. Ich war die *Abla*, was so viel bedeutete wie *die große Schwester*. Als solche brachte ich im Gründungsteam meine über die Jahre gewachsenen Erfahrungen ein, half bei Problemen oder erklärte auch mal ganz simpel, wie bestimmte Dinge in der Türkei funktionierten.

Ich freute mich, Teil eines jungen und dynamischen Teams zu sein, aus dem tatsächlich inzwischen eine Gemeinde entstanden ist. Daniel, unser jüngster Sohn, war mittlerweile vierzehn Jahre alt und ich gewann nach und nach die Freiheiten zurück, die ich gehabt hatte, bevor ich Mutter geworden war. Ein Stückchen Vergangenheit kehrte zu mir zurück, ich erinnerte mich an die Zeiten in Turkmenistan oder Kasachstan und das erfüllte mich!

Doch zugleich verlor ich in diesen Anfangsmonaten unserer Gnadenfrist auf seltsame Art und Weise den Faden. Ich ertappte mich immer wieder bei dem Gedanken: *Was tun wir eigentlich noch hier?*

Mein Unterbewusstsein hatte sich wohl in allem Stress vor der geplanten Abreise schon aufs Weiterziehen eingestellt, auch wenn ich sonst mit all meinen Gefühlen noch in Istanbul war. Nach so vielen Jahren sollte es nun zurück nach Deutschland gehen. Ich hatte mich verändert, Deutschland hatte sich verändert – ich fragte mich: Wie würde das zusammenpassen?

Als ich mich auf den Abschied von der Türkei vorbereitete, half mir der Gedanke, näher bei meinen alten Eltern zu sein. Meine Mutter war in den letzten Jahren sehr viel weicher geworden, körperlich schwächer, ihr Herz machte nicht mehr so viel mit. Sie starb schließlich im Mai 2019, noch bevor wir dann letztlich wirklich in Deutschland ankamen. Sie hatte sich schwergetan im Leben und mit dem Glauben, sie war anders als ich.

Wenn ich sie heute so vor mir sehe, dann denke ich an das Buch Jesaja in der Bibel. Gott sagt dort, er werde *das geknickte Rohr nicht brechen und den glimmenden Docht nicht auslöschen* (Jesaja 42,3). In den letzten Jahren war das Leben meiner Mutter so ein glimmender Docht, sie wollte sterben. Doch bin ich mir sicher, dass ihr geknickter Glaube und die oft nur glimmende Hoffnung in Gottes Händen gut aufgehoben waren und sind.

Hinzu kam für mich auch das Gefühl, dass unsere Arbeit in der Türkei gut weitergehen würde – in den Händen der türkischen Geschwister. Vielleicht waren all diese Gedanken – jene an meine Familie, diese seltsame Orientierungslosigkeit und der Wunsch danach, dass Einheimische unsere Arbeit übernehmen würden –

aus Gottes Gnade geboren, sodass mir der endgültige Abschied dann weniger schwerfiel.

David: Mir blieben noch anderthalb Jahre in Istanbul. In dieser Zeit kam ich noch einmal unmittelbar nach der Freilassung Andrew Brunsons im Jahr 2018 ins Gefängnis.

Ich war auf dem Weg zu einem christlichen Jugendevent in der Hauptstadt Ankara. Als ich bei meiner Ankunft schon das Rückfahrticket kaufen wollte, bat mich die nette Frau am Schalter um meinen Pass. Bei genauerem Blick darauf wurde ihr klar, dass er abgelaufen war, schließlich hatte ich keine Aufenthaltsgenehmigung mehr. Mein Fall war nach wie vor noch nicht entschieden. Ich erklärte das alles, doch am Ende half alles nichts: Die Mitarbeiterin informierte ihren Chef. Und ehe ich mich's versah, standen zwei Polizisten hinter mir und baten mich, sie zu begleiten.

Das geschah an genau dem Tag, an dem Andrew Brunson in die USA zurückkehrte und den Präsidenten im Weißen Haus traf. Der Fall war überall in der Türkei bekannt. Und vielen galt er als Symbol dafür, wie der Westen ihren Präsidenten unter Druck setzte. Ich bin mir sicher, dass die Polizisten ihre Wut darüber, dass die Türkei in jenen Tagen ihr Gesicht verlor, an mir auslassen wollten. An diesem frommen Amerikaner, der in ihrem Land lebte.

Also verhörten sie mich stundenlang gleich dort, im Polizeirevier am Bahnhof. Sie stellten mir Hunderte von Fragen und tippten meine Antworten in einen Computer. Insgesamt interviewten mich drei oder vier Polizisten im Wechsel und sechs weitere ihrer Kollegen standen mit im Raum und hörten zu. Bis schließlich ein wirklich hohes Tier in die Station trat. Der Mann war gut gekleidet, stellte sich sehr freundlich und in fließendem Englisch vor und ich erkannte beeindruckt: Vor mir stand ein Geheimdienstmitarbeiter! »Ich weiß, was du machst«, sagte er mit einem Lächeln. Das stimmte. Denn dieser Mann war zuständig für ausländische missionarische Aktivitäten. Er wusste von meinen Straßeneinsätzen, meinen Gefängnisaufenthalten, meinen Prozessen. Er kannte sogar mein Facebook-Profil. Und genau da lag das Problem. Ein Mitglied unserer Kirche in Istanbul hatte vor längerer Zeit eine Facebook-Seite auf Kurdisch ins Leben gerufen. Darüber verteilte er Bibeln in kurdischer Sprache. Und natürlich war auch ich mit diesem Missionar vernetzt. Das hatte der Agent gesehen und unterstellte mir nun, ich würde mit der ebenfalls kurdischen Terrororganisation PKK zusammenarbeiten. Es war absurd, aber ihm reichte es als Grund, mich weiter und weiter zu befragen. Doch wo es nichts herauszufinden gab, konnte auch der hartnäckigste Agent nichts ausrichten.

Als die Verhöre beendet waren, nahmen die Polizisten mich mit und brachten mich nicht in eine normale Polizeistation wie sonst, sondern in eine Hochsicherheitseinrichtung. Die Zellen lagen drei Stockwerke unter der Erde. Der Komplex war von Polizisten mit Maschinengewehren bewacht. Dort saß ich allein in einer Zelle und wartete darauf, was nun geschehen würde.

In all der Unsicherheit wusste ich jedoch: Gott war auch hier unten bei mir. Und so stand ich das Ganze gelassen durch, bis ich schließlich wieder entlassen wurde. Denn niemand durfte ohne Grund länger als einen Tag inhaftiert sein.

Einige Stunden später war ich also wieder frei. Die Beamten gaben mir mit auf den Weg, dass ich die Türkei innerhalb von fünfzehn Tagen verlassen müsse, danach aber ins Land zurückkehren könne. Ich wusste, dass es rechtlich keine Handhabe gegen mich gab, solange mein Fall in der Luft hing.

Ulrike: Guter Dinge und ahnungslos saß ich mit einem Buch in der Hand in einem schaukelnden Minibus, der mich in eine kleine Provinz im Südosten der Türkei bringen sollte. Es war das Jahr 2018. Geschwister hatten dort ein Gebetshaus gegründet und mich zu einer Besichtigung eingeladen.

Kurz vor der Ankunft noch außerhalb der Stadt wurden wir von der Polizei angehalten. Zwei Beamte kamen in das Fahrzeug, schauten sich kurz um, sahen mich und kamen zielstrebig auf mich zu. Ich solle aussteigen. Nun erst bemerkte ich die Polizeikontrolle am Straßenrand. Es war eine Zeltüberdachung, unter der mehrere Beamte saßen. Die Polizisten bedeuteten mir, meine Tasche aus dem Kofferraum des Minibusses zu nehmen, und der Bus fuhr ohne mich weiter.

Noch dachte ich mir nichts dabei, ich hatte schließlich meinen Pass und meine Aufenthaltsgenehmigung dabei. Die Polizei würde mich sicher gleich wieder entlassen. Ich textete meinen chinesischen Freunden, dass ich mich verspäten würde. Doch dann nahm die Polizei mir mein Telefon und meine Tasche ab, sie konfiszierte sogar meinen Pass und ich wurde ins Polizeiauto gebracht. Ohne weitere Erklärungen fuhren wir los.

Ab diesem Moment wurde mir so richtig mulmig: Niemand würde wissen, wo ich war. Denn ohne Handy konnte ich niemanden erreichen, und was fast genauso schlimm war: Ich konnte auch nicht gefunden werden.

In der Polizeistation angekommen, setzte man mich in einen großen, leeren Raum. Dort grübelte ich eine Stunde lang allein vor mich hin, was nun geschehen würde. Dann betraten zwei mir unbekannte Polizisten das Zimmer. Sie fragten mich aus, was ich hier vorgehabt hätte. Einer der beiden war sehr unfreundlich.

»Ihr Deutschen denkt doch ohnehin nur schlecht von uns Türken!«, hielt er mir vor.

»Das tue ich keineswegs«, erwiderte ich. »Im Gegenteil, ich bin sehr dankbar dafür, in der Türkei leben zu dürfen! Ich habe so viel von den Menschen hier gelernt: Gastfreundschaft, Menschlichkeit, Respekt vor den Alten und Schwachen, Achtung vor dem Wert der Familie.«

Sein Gesicht wurde weicher. »Denken alle Deutschen so wie du?«, fragte er.

»Nein«, gab ich zu. »Aber die wenigsten Deutschen haben in der Türkei gelebt.«

Das schien ihn zu besänftigen. In meinen Taschen fanden die beiden Polizisten nicht nur ein Neues Testament auf Türkisch, sondern auch ein halb leeres Schulheft von einem meiner Kinder, das ich für Notizen nutzte. Der Polizist nahm das Heft zur Hand und sah sich die krakelige Kinderschrift an.

»Ich glaube dir, dass du die Wahrheit sagst«, sagte er.

Ich war für ihn eine einfache Mutter, die ihre Freunde besuchen wollte. Wie ich später herausfand, war wenige Wochen zuvor eine deutsche Journalistin in dieser Gegend gewesen, um zu recherchieren. Die Polizei hatte wohl angenommen, dass ich auch eine Journalistin sei, und mich als einzige Deutsche im Bus ganz gezielt herausgegriffen. Denn für die Fahrt hatte ich meinen Pass vorzeigen müssen und beim Ticketverkauf war meine Nationalität notiert worden. Nun jedoch hatte ihnen der Inhalt meiner Tasche genug Anhaltspunkte geliefert, um ihre Annahme zu widerlegen.

So setzten sie mich noch am selben Tag wieder auf freien Fuß, gaben mir allerdings noch mit auf den Weg, ich dürfe keine Traktate verteilen, sie nicht einmal irgendwo liegen lassen oder mich sonst wie missionarisch betätigen. Es fiel der Satz, den David auch schon so oft gehört hatte: »Wir wissen, was Sie tun, und werden Sie beobachten.«

So setzte ich meine Reise fort. Es war das erste und einzige Mal, dass ich in der Türkei in Haft gewesen war. Zum Glück! Denn das ganze Geschehen hatte mir den Hals zugeschnürt. Ich hatte zum ersten Mal am eigenen Leib gespürt, wie bedrängend es war, eingesperrt zu sein. Ich hatte mich einsam, verloren und ängstlich gefühlt.

Von diesem Tag an verstand ich David etwas besser und mir wurde zugleich wieder einmal bewusst, wie unterschiedlich wir waren. Er hatte seit Jahren permanent mit der Polizei zu tun und hatte im Laufe unseres Türkei-Lebens sechs Mal in Haft gesessen. Doch anstatt sich zu ängstigen, war er immer frohen Mutes gewesen und hatte die Zeit im Gefängnis geradezu genossen, weil er dadurch so viele Menschen kennengelernt hatte.

Im Rückblick erkläre ich mir das so: David kommt aus einer Familie, in der die Dinge oft gut ausgegangen sind. Seine Eltern haben ihm ein tiefes Gottvertrauen ins Herz geprägt. Das hat ihm die Chance gegeben, sich in die verrückten Situationen, in die er kam, hineinfallen zu lassen, in dem Wissen, dass da einer ist, der ihn beschützt. Dass da einer ist, dessen guter Wille geschieht, egal was kommt. Ich bin anders aufgewachsen, ohne diese Sicherheit und das Grundvertrauen. In dieser kurzen Zeit in der Polizeistation, wo niemand wusste, wo ich war, machte ich mir Sorgen: *Was wird, wenn sie mich jetzt dabehalten? Was wird aus meinen Kindern?*

David: Einen Tag nach meiner Freilassung aus der Haft in Ankara klingelte mein Telefon. Ich kannte die Nummer nicht, nahm ab und hörte verwundert, dass die amerikanische Botschaft am anderen Ende der Leitung war. Eine freundliche Frauenstimme erklärte mir sanft, aber unmissverständlich, dass mein Heimatland mir eindringlich empfehle, die Türkei sofort zu verlassen.

»Der Fall Andrew Brunson macht uns diplomatische Schwierigkeiten. Wenn Sie als amerikanischer Missionar noch länger in der Türkei bleiben, kann das auch für Sie Konsequenzen haben«, warnte sie mich.

Im Klartext: Mein Heimatland ging davon aus, dass die Türkei mich auf dem Kieker hatte. Ich war bekannt, schon öfter im Gefängnis gewesen, fast schon ausgewiesen und viele christliche Medien in der westlichen Welt hatten über meinen Fall berichtet. Die Behörden kannten mich. Und sie würden nun alles tun, um mich außer Landes zu bringen. Niemand wollte eine zweite Andrew-Brunson-Krise. Auch die amerikanische Botschaft nicht. Man wollte sich diplomatisch und zurückhaltend zeigen, die Wogen glätten und guten Willen beweisen. Dazu aber war es notwendig, dass ich das Land freiwillig verließ. Das war das Signal, das mir am Telefon übermittelt wurde.

»Ich habe kein Recht, Ihnen Anweisungen zu geben, aber ich empfehle dringlich, dass Sie die Türkei verlassen«, sagte die freundliche Stimme.

Nun war es an mir, eine weise Entscheidung zu treffen. Für mich. Und für meine Familie.

Der Anruf ließ mich nicht los. So begann ich, Freunde, Pastoren und auch meine Missionsorganisation zu befragen, was sie von der Sache hielten. In den kommenden Wochen betete ich mehr als sonst, war mir aber zunächst noch unklar darüber, was ich nun zu tun hatte. Ich ging davon aus, dass ich jederzeit zurückkehren könnte, auch wenn ich das Land nun verließ.

Am Ende waren vor allem die türkischen Gemeindeleiter dafür, dass ich diesen Extratrip auf mich nahm. Wir alle wollten das Beste für die Kirche in der Türkei und für das Land selbst. Es war einfach keine gute Zeit, um eine weitere Krise auszulösen, und sei es nur unbeabsichtigt. Es vergingen viele Tage, aber am Ende war mein Herz dennoch bereit: Ich würde gehen.

Der 18. Oktober 2018 war der Tag, an dem ich nach all den Kämpfen auf der Straße, den Auseinandersetzungen mit der Polizei und vor Gericht, den Tagen und Nächten in Gefängniszellen freiwillig in ein Flugzeug stieg, das mich außer Landes brachte. Ich verabschiedete mich von meiner Familie. Das Ganze erschien uns im Moment des Abschieds kaum dramatisch, denn die Behörden hatten mir mehrfach und ein letztes Mal vor dem Abflug am Schalter versichert, dass ich jederzeit zurückkommen könnte.

Ulrike hatte mich ohne die Kinder zum Flughafen begleitet, wir sagten uns Auf Wiedersehen, bis in ein paar Wochen. Und doch beschlich mich ein seltsames Gefühl, als ich die Stufen der Gangway hinaufging. Mein Leben der letzten zwei Jahrzehnte zog an mir vorüber. Wie wir unsere Kinder hier bekommen hatten und wie sie aufgewachsen waren. Wie Ulrike und ich unsere Rollen gefunden hatten, sie zu Hause und ich beim Bibelkorrespondenzkurs, auf der Straße und im Gefängnis. All die Gespräche mit Türken, Kurden, Afghanen und Tschetschenen. Wie wir in der Abschiebehaft gebetet und Gottesdienst gefeiert hatten. Und wie mir so viele Menschen ihre Geschichten und ihr Leben anvertraut hatten.

Ich stieg ein, doch eines war mir klar: Ich würde zurückkommen. Schon in ein paar Wochen wollte ich es versuchen. Wie könnte ich diesem Land, das mir Heimat geworden war, jemals den Rücken kehren? Ich hoffte, dass die diplomatischen Wogen sich glätten und wir eine Zukunft in der Türkei haben würden.

So landete ich am 22. November wieder in Istanbul. Doch ich kam nicht weit. Noch im Flughafen verweigerten die Grenzbeamten mir die Einreise. Meine Füße sollten nie mehr türkischen Boden betreten. Denn still und heimlich hatte die Türkei in meiner Abwesenheit ein Einreiseverbot gegen mich verhängt. Somit gab es kein Zurück. Mein altes Leben war vorbei. Und Ulrike war bis zum Sommer des darauffolgenden Jahres, wenn das Schuljahr enden würde, allein mit unseren Kindern in Istanbul.

Ulrike: Es war nur ein Abschied für wenige Wochen. Dessen schien sich jeder um uns herum sicher zu sein und die Stimmung schlug auf mich über. Wir würden uns bestimmt bald wiedersehen, oder? So fuhr ich am 22. November zum Flughafen in Istanbul. Im Flughafengebäude wartete ich darauf, dass mein Mann durch die automatische Schiebetür treten würde, durch die wir schon so oft gemeinsam gegangen waren. Doch er kam und kam nicht. Ich harrte aus und stand noch dort, als alle anderen Fluggäste bereits fort waren. Ich bin kein Mensch, der in der Öffentlichkeit weint. Aber ich war traurig. Nun war entgegen all unserer Hoffnung eingetreten, was wir befürchtet hatten.

»Ich werde nicht ins Land gelassen, muss mit der nächsten Maschine wieder zurück nach Deutschland.« Dieses kurze Telefongespräch war der Schlussakt. Unser ganzes Eheleben hatten wir in der Türkei verbracht, drei unserer fünf Kinder hier zur Welt gebracht. Und das war es nun. David würde das Land nicht wieder betreten dürfen. Die Behörden hatten ihn offenbar belogen. Eine erneute Einreise war ihm auf unbestimmte Zeit verwehrt.

Ich kehrte also mit einem leeren Auto nach Hause zurück. Die Kinder waren schockiert. Denn auch für sie bedeutete die Erkenntnis, dass ihr Vater nun nicht mehr in die Türkei einreisen durfte, eine Zäsur. Unsere Kinder würden auf Abschlussklassenfahrten mit ihren Freunden verzichten müssen. Sie mussten ihre über die Jahre lieb gewonnenen Klassenkameraden hinter sich lassen, konnten nicht gemeinsam mit ihnen auf die Bühne der Schulaula treten und den schwarzen Doktorhut in die Luft werfen. Stattdessen würden sie mit Fremden die Schulbank in Deutschland drücken. Und alles bisher Gewohnte hinter sich lassen.

Doch nicht nur das: Dass David nicht einreisen durfte, sandte Schockwellen durch die ausländische Gemeinschaft in der Türkei. David war schon so oft außer Landes gewesen, jeder war davon ausgegangen, dass er auch diesmal wiederkommen würde. Und ich musste mir überlegen, wie ich Abschied nehmen und zwanzig Jahre unseres Lebens in Koffer packen wollte – und zwar ganz allein, ohne David.

Wo sollte ich beginnen, welche Plätze der Türkei sollten wir nochmals besuchen, uns mit welchen unserer Freunde zuerst das letzte Mal treffen? Ich begann mit Semra, unserer Nachbarin. Sie war die Erste, der ich erzählte, dass wir die Türkei verlassen müssten. Ihr echtes Mitgefühl und ihre Dankbarkeit für die vierzehn Jahre, die wir zusammen Tür an Tür verbracht hatten, taten mir gut. Doch wie konnte ich meinen Kindern helfen, sich zu verabschieden?

Ich bin heute sehr stolz auf sie, dass sie ihren eigenen Weg in dieser Zeit gegangen sind. Sie haben sich alle selbstständig von ihren Freunden und ihrem alten Leben verabschiedet – über die uns verbleibenden Wochen und Monate hinweg. Obwohl es für sie unglaublich hart war, die Türkei verlassen zu müssen, lagen sie mir nicht mit Klagen in den Ohren. Sie konzentrierten sich auf ihre Schulaufgaben und letzte Abschiedsbesuche von Freunden.

Und ich? Meine Gemeinde lud mich in einen kleinen türkischen Teegarten ein. Wir saßen zwischen bunten Blumen und grünen

Rasenflächen, mit unseren dampfenden Teegläsern in den Händen. Meine Kollegen und Weggefährten sagten freundliche Dinge über mich. Eine türkische Freundin erinnerte sich daran, wie ich mit meinen Kindern als Deutsche zu einem der nationalen türkischen Feiertage auf eine Schulfeier gegangen war. »Ich habe mich so respektiert gefühlt«, sagte sie zu mir und rührte mich damit zutiefst. Denn ich hatte mir nichts dabei gedacht, wollte einfach die mir fremde Kultur und deren Gepflogenheiten kennenlernen.

Der Dank, den meine Freunde mir entgegenbrachten, die Liebe und die Unterstützung beim Abschiednehmen taten mir sehr gut.

Vermisste ich David? Ja, sicher, aber über die Jahre hatten wir durch seine Aufenthalte in der Abschiebehaft und im Ausland gelernt, mit Trennungen umzugehen. Getrennt zu sein und uns doch nicht zu verlieren. Außerdem gab es so viel zu tun und zu regeln, Möbel zu verkaufen und zu verschenken, Bücher auszusortieren, türkische Kinderbücher in die Osttürkei zu schicken, englische Kinderbücher an eine internationale Schule in Istanbul. Und manches Paket schickte ich auch nach Deutschland. Am Ende hatte jeder von uns zwei Koffer, die er mit nach Deutschland nahm.

In all diesem Hin und Her schaffte es David, den Kindern eine große Überraschung zu machen. Er lud jedes von ihnen zu einem Kurztrip ein, und zwar in eine europäische Stadt ihrer Wahl. Denn unsere Kinder konnten im Gegensatz zu ihrem Vater reisen und in die Türkei zurückkehren.

Mir allerdings bereitete eine Sache besonderes Kopfzerbrechen: Wie sollte ich unsere Wohnung verkaufen? Ein Immobilienhändler machte die erste Einschätzung und stellte sie ins Internet. Doch letztendlich waren es Nachbarn, die die Wohnung kauften und mir mit viel Geduld halfen, die bürokratischen Hürden zu nehmen, sodass der Verkauf noch am Abreisetag über die Bühne gehen konnte. Bis zum Schluss war es ein Rennen und Organisieren gewesen, sodass für Nostalgie oder Schmerz kein Raum blieb.

David: Nachdem ich am Istanbuler Flughafen abgewiesen worden war, musste ich den nächsten Flieger zurück nach Deutschland nehmen. Es zerriss mir fast das Herz. Da war meine Frau, nur durch eine Wand von mir getrennt, aber ich konnte nicht auf die andere Seite gelangen!

Ich landete wenige Stunden später am Stuttgarter Flughafen und wurde sofort von der Polizei in Gewahrsam genommen. Einmal mehr befragten mich zwei Beamte – nur, dass es diesmal Deutsche waren. Und diese beiden waren neugierig. Sie fragten mich, warum jemand wie ich nicht in die Türkei hätte einreisen dürfen. Ich erzählte meine Geschichte. Alles von Anfang an. Wie ich in der Türkei als Missionar auf der Straße gestanden hatte. Die Festnahmen. Die versuchte Ausweisung. Und nun schließlich das Einreiseverbot.

Die beiden Männer wechselten immer wieder Blicke. Als ich mit meiner Geschichte am Ende war, beugte einer der beiden sich über den Tisch und blickte mich fast mitleidig an. Ich spürte, dass die beiden mit mir fühlten, auch wenn sie das natürlich nicht zeigen durften. Der Mann sagte: »Nun, hier in Deutschland sind Sie willkommen.«

Danach erklärte er mir all die Schritte, die ich nun unternehmen musste, um eine Aufenthaltsgenehmigung in der Bundesrepublik zu bekommen. Auch wenn der Papierkram, der zu erledigen war, erschlagend war, musste ich mich doch nie sorgen, dass meine Rechte hier beschnitten wurden. Ich kam in ein Land, das die Religionsfreiheit achtete. Es war, als wollte Gott mir durch diesen Polizisten sagen: »Du hast das Schlimmste hinter dir.« Ich nahm es als Zuspruch und konnte etwas fröhlicher auf die kommenden Monate ohne Ulrike blicken.

OM versorgte mich mit einem Zimmer im baden-württembergischen Mosbach, der Deutschland-Zentrale meiner Missionsorganisation. Das nächste halbe Jahr verbrachte ich mit Trauer- und Aufbauarbeit. Wie bei einem Trauma. Zum einen weinte ich der Zeit in Istanbul hinterher – und zwar im wahrsten Sinne des Wortes. Ich litt unter der Trennung von meiner Familie. Ich konnte nicht verstehen, warum Gott es dieses Mal zugelassen hatte, dass sie mich vertreiben konnten. Immer hatte er im letzten Moment noch eine Tür geöffnet, um uns auf wundersame Weise in der Türkei bleiben zu lassen. Nur dieses Mal nicht. Daran hatte ich zu knabbern, doch am Ende tröstete ich mich mit einem Vers aus dem Römerbrief:

Und wir wissen, dass für die, die Gott lieben und nach seinem Willen zu ihm gehören, alles zum Guten führt.
Römer 8,28

Ich hatte und habe die Hoffnung, dass Gott einen Plan mit meinem und unserem Leben hat. Am Ende weiß er besser, was gut für uns ist. Also folge ich ihm. Und akzeptiere seine Wege, auch dann, wenn ich sie nicht verstehe.

Und so begann ich damals, zurück in Deutschland, wieder frohen Mutes in die Zukunft zu blicken. Ich bin kein Mensch, der lange grübelt. Ich besuchte verschiedene größere Städte auf der Suche nach einer neuen Heimat für uns: Mannheim, Berlin, Hamburg, Duisburg. Ich zog nur größere Städte in Betracht, in denen sich viele Türkischsprachige aufhielten. Das Dorfleben mochte zwar schön sein, aber es passte nicht so gut zu meiner Berufung zur öffentlichen Evangelisation.

Das Ruhrgebiet zog ich wegen der türkischen Community näher in Betracht, aber ich musste auch auf meine Familie schauen. Unsere Kinder brauchten eine englischsprachige Schule. Zwar hatten wir sie mehrsprachig erzogen, aber es würde keinen Sinn ergeben, wenn etwa Esther ausgerechnet ihr letztes Schuljahr in einer anderen Sprache würde absolvieren müssen als die vorigen. Mal abgesehen davon, dass die Schulen das ebenfalls nicht akzeptierten.

Ich entschied also im Sinne meiner Kinder: Die Mädchen würden die John-F.-Kennedy-Schule in Berlin besuchen und unser Sohn eine christliche Bekenntnisschule. So sollte es sein. Berlin. Die Entscheidung war gefallen.

Ulrike: Im Juni 2019 nahmen wir Abschied von Istanbul. Dieses Mal für immer. Für uns ging es nun nach Berlin.

Nach all dem Trubel und allem Organisieren war es mir schließlich tatsächlich irgendwie gelungen, pünktlich mit meiner Familie gemeinsam ins Flugzeug zu steigen und durchzuatmen. Es war geschafft! Unser geliebtes Istanbul mussten wir in der Ferne zurücklassen, doch am anderen Ende wartete David.

Wenn man mich jetzt fragt, was ich am meisten an der Türkei vermisse, dann muss ich eine ganze Reihe aufzählen: meine Freunde, Menschen, die mich herausgefordert, geprägt und geliebt haben, die türkische Kultur mit ihrer Herzlichkeit, Gesprächsbereitschaft, Warmherzigkeit und Hilfsbereitschaft. Besonders aber auch die Art, zu glauben. Ich habe mich verliebt in die laute Art, wie Türken Jesus anbeten. Wie sie nicht den Blick beim Gebet senken, sondern ihn gen Himmel erheben. Wie sie laut mit Gott sprechen, singen und tanzen. Wie sie die Lust am Leben und am Glauben spüren, weil sie wissen, dass Jesus sie unendlich liebt. Vielleicht haben mich die Türken gerade deshalb so begeistert, weil ich selbst nicht so bin. So konnten sie mein Herz erobern und mich in die Weite führen.

DEUTSCHLAND AUF TÜRKISCH

2019–2022

Ulrike: Sonnensiedlung nennen sie die Gegend, in die wir direkt nach unserer Ankunft in Berlin gezogen sind. Doch sonnig wirkt es hier auf den ersten Blick kaum. Eine Hochhausstadt mitten in Neukölln, graue Wände, durchbrochen von kleinen, quadratischen Fenstern und spärlich gesäten Balkonen mit Maschendraht ummantelt, damit niemand herunterstürzt.

Drum herum ist es grün, ein Bolzplatz hier, ein Basketballfeld da, Jugendliche, die sich Bälle zuspielen und dabei auf Türkisch, Russisch oder Ungarisch über den Platz rufen. An diesem Tag ist der Ort in die ersten Sonnerstrahlen des anbrechenden Sommers getaucht. Doch die Ruhe wird oft unterbrochen von Sirenen. Zum Beispiel, weil es eine Schlägerei in der Nachbarschaft gegeben hat. Die Berliner nennen den Kiez Problemviertel. Tatsächlich ist die Sonnensiedlung einer der größten sozialen Brennpunkte dieser Stadt.

Aus irgendeinem Grund ist mir das kaum aufgefallen, als wir frisch hierhergezogen sind. Aber hätte ich es bemerkt, hätte es mich auch nicht gestört. David und ich hatten nie den Anspruch, ein geregeltes Mittelklasse-Leben zu führen. Wir wollen einfach bei den Menschen sein, die uns brauchen.

––––––––

Im Juni 2019 kam ich mit den Kindern in unserer Wohnung in Berlin an. Wir liefen durch das Grün und Grau zur Eingangstür. Der Müll im Hausflur und die dreckigen Böden interessierten uns nicht. Wir waren einfach dankbar für die Vierzimmerwohnung mit kleinem Balkon mitten in Neukölln, dem Ort, den wir uns für unser neues Leben ausgesucht hatten.

Schon 2019 war es in Berlin schwierig geworden, bezahlbaren Wohnraum zu finden, und wir hatten noch dazu eine genaue Vorstellung, wo wir hinwollten: nach Neukölln. Zu den Türken.

Die Kinder sprachen wenig, als wir in den kleinen Aufzug traten, der uns zum ersten Mal in den vierten Stock des Plattenbaus bringen sollte. Sie waren müde und sie wollten nicht hier sein, das war uns klar. Berlin war für sie ein Dorf. Wir kamen aus einer Metropole, urban, multikulturell, mit zwei Zentren rund um den Taksim-Platz und das Viertel Kadikoy. Berlin hingegen schien gar keinen Mittelpunkt zu haben, man kam niemals irgendwo richtig an. Wo wir in Istanbul drei Stunden fahren und den Bosporus überqueren mussten, um an die Stadtgrenze zu gelangen, reichten hier sechzig Minuten mit der Bahn, um die Stadt von Ost nach West zu durchqueren. Berlin erschien auch mir wie ein Dorf – und das sagte ich, das Landei aus Öschelbronn! Wer hätte das je gedacht?

Wir brauchten lange, um uns an das Klima und die Dunkelheit zu gewöhnen. Als wir ankamen, war Sommer, aber als es in den Herbst ging, wurde es dunkel. Wenn die Kinder morgens das Haus verließen, war es finster und kalt, das waren sie nicht gewöhnt. In Istanbul hatte uns schon auf dem Schulweg die Sonne ins Gesicht geschienen. Doch nicht nur das machte Anpassungsschwierigkeiten: Unser Jüngster klagte einmal darüber, dass ihn die deutsche Sprache in den Ohren schmerzte. Zeit seines Lebens hatte sein Umfeld Türkisch gesprochen, im Grunde war das seine Muttersprache, auch wenn wir ihn insgesamt dreisprachig erzogen hatten. Außerdem erschienen ihm die deutschen Schüler schrecklich respektlos. Die Türken waren zwar laut gewesen, hatten aber dennoch großen Wert darauf gelegt, einander mit Respekt zu begegnen. Das begann schon damit, dass die Klasse jedes unserer Kinder jeden Morgen gemeinsam aufstand und den Lehrer einstimmig mit *Günaydın öğretmenim*, also *Guten Morgen, mein Lehrer* begrüßte. In Berlin hingegen gab es keine respektvolle Anrede, auf die meine Kinder zurückgreifen konnten. Für ein Kind, das in Deutschland aufgewachsen war, war das ganz normal, aber unseren Kindern setzte es zu. Es war Teil ihres Kulturschocks, den sie nun zu bewältigen hatten und unter dem sie litten.

Bei mir fiel dieser Schock anders aus. Ich schätzte die Geradlinigkeit und Rauheit der Berliner von Anfang an, aber der Dreck in der Stadt, die heruntergekommenen U-Bahn-Stationen, das Kopfsteinpflaster in vielen Straßen – es erschien mir einfach nicht wie eine Hauptstadt. Wo war die Schönheit des Meeres? Die Blumenvielfalt im Straßenbild und die Plätze, an denen man sitzen, Tee trinken und mit Menschen ins Gespräch kommen konnte?

Sosehr wir uns freuten, als Familie wieder vereint zu sein, so sehr bluteten doch unsere Herzen vor Sehnsucht nach der Türkei. Doch wir lebten uns ein. Nach und nach. Die älteren zwei Kinder gingen zum Studium in die USA und nach Kanada. Die drei jüngsten besuchten unterschiedliche Schulen in Berlin.

Mir ist schmerzlich bewusst, was ihnen verwehrt blieb: die alten Freunde, die Abschlussfahrten und die Vertrautheit ihres Heimatlandes. Aber die Wahrheit ist, dass es vielen Kindern so geht, die nicht im Herkunftsland ihrer Eltern aufwachsen. Dazu gehören Diplomatenkinder, Flüchtlingskinder und eben auch Missionarskinder. Unsere Kinder haben drei Pässe: den kanadischen, amerikanischen und deutschen Pass. Ihre Heimat ist überall und nirgends. Sie haben keine Wurzeln. Das ist die Kehrseite all der wunderbaren Dinge, die wir für Gott bewegen konnten.

Werfe ich mir das vor? Nein. Ich habe mir im Laufe der Jahre viele Dinge vorgeworfen. Dass ich zu grob mit meinen Kindern war. Dass ich geduldiger hätte sein müssen. Dass ihr Vater oft weg war. Aber dass sie wurzellos aufgewachsen sind, das habe ich akzeptiert. Denn niemand von uns kann sich seine Herkunft aussuchen. Wir leben das Leben, das Gott uns gibt. Und ich weiß: Alle unsere Kinder sind heute auf guten Wegen. Die drei Mädchen werden ab dem Sommer 2022 wieder gemeinsam in Kanada sein und studieren. Irgendwie hat es sie nach und nach dorthin gezogen.

David und ich sind nun wieder unter uns und aus der Sonnensiedlung weggezogen. Die alte Wohnung war zu groß geworden. Heute leben wir in einer Altberliner Wohnsiedlung wenige Hundert Meter von der Sonnensiedlung entfernt. Statt Migranten leben dort überwiegend deutsche Senioren. Zumindest die, die sich nicht verjagen lassen von den sozialen Problemen in ihren Nachbarvierteln. Wir haben nun sogar einen kleinen Garten und könnten die Ruhe genießen – aber richtig ruhig wird es bei uns eigentlich nie. Denn wie schon in Istanbul bin ich auch hier ständig unterwegs. Nicht auf der Straße zum Predigen wie David. Sondern im Kiez. Ich kenne die Nachbarn. Ich versuche, sie zu lieben, wie Jesus sie liebt.

Da ist etwa Herr Müller von nebenan. Als wir 2021 unser erstes Neujahr in dieser Siedlung erlebten, brach die Schwäbin aus mir heraus. Ich buk Neujahrsbrezeln für zwei meiner Nachbarn, wie es in meiner Heimat Tradition ist. Als ich bei Herrn Müller klingelte, dauerte es eine Zeit, bis ich seine Stimme über die Haussprechanlage hörte.

»Nein«, sagte er, er habe heute keine Zeit, ich solle ein anderes Mal wiederkommen. Da stand ich nun mit meiner Brezel in der Hand – gegessen wurde sie dennoch, denn Gäste haben wir immer. Ein paar Tage später startete ich einen neuen Versuch, buk eine Brezel, klingelte an der Tür und Herr Müller bat mich diesmal zu sich herein. Ich lernte: Hinter der rauen Schale verbarg sich ein wertvoller Mensch, der ab und an Sätze sagte wie: »Das mit ihrem Jesus, das lassen Sie mal.« Trotzdem schätzen wir uns, und dass er gelegentlich mein Fahrrad repariert, ist ein extra Bonus.

Mein Telefon klingelt eigentlich ständig. Oft ist es Nana, eine meiner alten Nachbarinnen aus der Sonnenallee. Sie hat knallrote Haare, wohnt noch immer mitten im Kiez und kümmert sich so gut es geht um die Menschen um sie herum. Sie kennt jeden der Nachbarn. Etwa Ayse, aus deren Wohnung am Freitagmittag rituelle Gebetsmusik erklingt. Oder Markus, der es mit seinem Rollator gerade so zu ihr in den zweiten Stock schafft, den Weg aber für einen Kaffee in guter Gesellschaft auf sich nimmt. Nana ist eine Freundin geworden, sie kommt manchmal zum Mittagessen oder auf einen Kaffee vorbei und erzählt mir die neuesten Geschichten aus der Siedlung. Durch Nana lerne ich meine eigene Kultur wieder ganz neu kennen.

Das erste Jahr in Berlin arbeitete ich als Krankenschwester. Ich wollte bewusst eine Pause vom christlichen Dienst machen. Von der Türkei aber machte ich keine Pause. Denn ich arbeitete für einen deutsch-türkischen Pflegedienst, der Patienten zu Hause betreute. Ich fuhr mit meinem kleinen Dienstwagen durch Neukölln und Kreuzberg, verabreichte Spritzen, maß den Blutdruck, richtete Medikamente und unterhielt mich mit meinen Patienten über die alte und neue Heimat. Es war für mich also ein doppeltes Zurück-zu-den-Wurzeln: Zurück nach Deutschland und zurück in meinen alten Beruf. Nur eben alles irgendwie mit einem türkischen Einschlag.

Heute mache ich einen Spaziergang, um mein altes Viertel zu besuchen. Ich laufe am Fuße der alten Plattenbauten entlang. Ich betrete den Hausflur und sehe noch immer unseren Namen am Briefkasten stehen, auch wenn dort längst eine syrische Familie eingezogen ist. Ab und an kommt noch Post für uns an, ich hole sie regelmäßig ab. Der Hausflur ist wie die Außenfassade: grau in grau, unterbrochen nur von farbigen Graffitis an den Wänden.

S. ist eine Hure, hat hier einmal jemand hingeschrieben. Ich ertrug den Anblick nicht, ging am nächsten Tag hin und überstrich das Schimpfwort mit weißer Farbe. Stattdessen schrieb ich die Adjektive *geliebt* und *wertgeachtet* an die kahle Mauer. *S. ist geliebt und wertgeachtet.*

David: Bevor ich begann, für uns eine Bleibe zu suchen, war ich schon einmal in Berlin gewesen. Ich war wegen einer Konferenz im Jahr 2008 für ein paar Tage dorthin gereist. Und war schon damals fasziniert gewesen. Von jeher bin ich ein Fan von Geschichte. Und die ist in Berlin allgegenwärtig. Wohin man blickt, erschlägt sie einen fast: Checkpoint Charlie, Reichstagsgebäude, Berliner Mauer – alles ist zum Greifen nah.

Doch als es nun gut zehn Jahre später darum ging, einen Lebensmittelpunkt zu finden, suchte ich zuerst den Kontakt zur christlichen türkischen Gemeinde in Berlin. Denn es war klar, dass ich mit den Verantwortlichen würde zusammenarbeiten müssen. Diese Gemeinde war ein kleiner Haufen, wie viele andere Kirchen in Berlin ebenfalls. Sie war vor dreißig Jahren gegründet worden, viele Mitglieder kamen und gingen, aber die Kirche war trotz aller Rückschläge noch am Leben. Doch wichtiger als deren Geschichte war für mich: Die Menschen waren herzlich zu mir. Sie luden mich ein und nahmen mich auf. Ja, ich glaube, sie waren sogar froh, dass ich nun da war. Mein Aufenthalt in Berlin war im Gegensatz zu dem vieler anderer Missionare nicht nur auf ein paar Monate oder Jahre angelegt. Nein, ich würde womöglich für den Rest meines Lebens bleiben. Und könnte die Gemeinde so langfristig unterstützen.

Ein anderer Berliner Pastor warnte mich allerdings. »Berlin ist hart«, sagte er. »Viele Missionare scheitern an dieser Stadt. Entweder du kommst damit zurecht, dass die Leute rau sind. Oder du wirst wieder gehen.«

Er hatte recht, Berlin ist tough. Die Stadt ist vom Atheismus geprägt, und wo sie nicht kirchenfeindlich ist, da gibt es oft einfach gar kein Interesse an religiösen Themen. Freikirchen werden oft als Sekten wahrgenommen. Das alles gehört zum DDR-Erbe der Stadt.

Doch schwierige Verhältnisse hatten mich noch nie abgeschreckt, im Gegenteil. Also begann ich mit der Wohnungssuche. Für die Bleibe in der Sonnensiedlung bewarben sich damals vierzig weitere Parteien. Nach der Besichtigung stapelten sich die Bewerbungsmappen in den Armen der Maklerin. Ich rechnete mir keine Chance aus, aber tatsächlich wählte sie unsere Familie aus. Die Sonnensiedlung sollte also unser neues Zuhause werden.

Als ich zu der Maklerin ging, um den Mietvertrag zu unterschreiben, verriet sie mir den Grund, warum sie sich ausgerechnet für uns entschieden hatte. »Ich habe in Ihren Unterlagen gesehen, dass Sie Missionar sind«, sagte sie. »Wissen Sie, ich bin auch Christin. Und ich wünsche Ihnen alles Gute.«

Wenn ich vorher noch auf ein Zeichen gewartet hatte, dass Berlin wirklich unsere neue Heimat werden sollte, dann war es jetzt da. Mitten in der sogenannten Hauptstadt des Atheismus war ich ausgerechnet an eine christliche Maklerin geraten! Umso beschwingter setzte ich meine Unterschrift auf das Papier – und damit auch unter ein neues Leben.

In den nächsten drei Monaten richtete ich alles ein, sodass im Sommer alles bereit war für Ulrike und die Kinder. Ich wusste, sowohl Ulrike als auch ich würden hier unsere Berufung leben können. Ich könnte das Evangelium wieder auf der Straße und öffentlich zu den Menschen bringen, die es noch nicht kannten. Es gab hier so viele Menschen, die die Liebe Jesu noch nicht erfahren hatten. Und Ulrike würde all die Menschen in diesen Häuserblocks erreichen, wie es ihre Art war. Gott hatte uns schon immer trotz, durch und wegen unserer Verschiedenheit gebraucht: Mich im öffentlichen Bekenntnis, Ulrike für die langfristigen Beziehungen.

Heute predige ich noch immer auf der Straße. Nur dass die Orte jetzt nicht mehr türkische Namen tragen, sondern Herrmann- oder Alexanderplatz heißen.

Erst vor wenigen Tagen habe ich eine ganze Woche mit Christen aus unterschiedlichen Gemeinden verbracht. Wir stellten uns in die schönen und unschönen Ecken von Neukölln und erzählten den Menschen von Jesus. Nichts tue ich lieber. Das hat sich nicht geändert – aber alles drum herum. Hier in Berlin arbeite ich weiterhin für OM, aber ich habe noch kein festes Team, das gemeinsam mit mir meine Straßeneinsätze plant. Wir sind nur eine Handvoll von Gläubigen und stehen noch ganz am Anfang. Ich versuche stattdessen, so viele Christen wie möglich zu vernetzen und gemeinsame Aktionen auf die Beine zu stellen. Es ist nicht schwer, Menschen aus unterschiedlichen Gemeinden für gemeinsame Evangelisationen zu begeistern, und viele hauptamtliche Pastoren haben kaum Zeit für Straßenevents wie unsere. Und wenige Freiwillige können viel bewirken. So wie in der vergangenen Woche. An sechs Tagen gingen wir zu sechs verschiedenen Orten – auch die Sonnensiedlung war dabei. Ich stellte mich vor die hohen Gebäude und predigte. Nicht mehr mithilfe meines Sketchboards wie in der Türkei. Diese Zeiten sind vorbei. Aber wir finden neue kreative und mutige Wege, Gottes Botschaft zu verbreiten, genauso, wie unsere biblischen Vorbilder immer neue Wege gefunden haben. Heute benutze ich andere Hilfsmittel, etwa ein großes Plakat mit verschiedenen Landesflaggen darauf. Das funktioniert besonders gut hier in Neukölln mit seiner Bevölkerung aus der ganzen Welt. In wenigen Stunden treffe ich hier Menschen aus vierzig Nationen. Ich bitte die Fußgänger, mir zu zeigen, woher sie stammen. Und so kommen wir ins Gespräch.

Auf einem anderen meiner Plakate – ich nenne es das *Richtig-oder-Falsch-Banner* – stehen verschiedene Aussagen, etwa *Gott gibt es nicht* oder *Das Leben hat keinen Sinn*. Auch das ist ein sogenannter Türöffner, ich frage die Passanten, ob sie einen der Sätze für richtig oder falsch halten, und so ergibt sich eins aus dem anderen. Manche meiner Kollegen stellen sich in die Berliner Straßen und halten Schilder hoch, auf denen *Free Hugs* steht, sie bieten also kostenlose Umarmungen an. Du glaubst nicht, wie viele Menschen sich nach Körperkontakt sehnen! Berlin ist anders als Istanbul, aber es ist eine Metropole und viele Menschen hier sind einsam.

Aber ach, bei allem Interessanten und Spannenden vermisse ich die Türkei schmerzlich! Es war mein Wunsch, unter Türken in Deutschland zu arbeiten, und das tue ich nun. Aber wo in Istanbul manchmal dreißig Menschen um uns herum innehielten und zuhörten, bleiben hier nur vereinzelt Passanten stehen. Die Kultur ist so anders, viele Einheimische sind übersättigt von der religiösen Tradition Deutschlands und viele Migranten sind fest in ihren eigenen Traditionen verwurzelt. Und es liegt auch nicht gerade in der Natur der Deutschen, sich Fremden zu öffnen.

Doch wenn Gott mich hier haben will, dann werde ich weiter durch die Sonnenallee, die Köllnische Heide oder über den Hermannplatz ziehen. Ich bin Missionar. Wie schon die ersten Jünger kann ich nicht anders, als über das zu sprechen, was ich von Gott gesehen und gehört habe. Das ist mein Leben.

Wir wissen nicht, was uns in den nächsten Jahren erwartet, aber wir kennen den Gott, der uns berufen hat, ihm zu dienen, und der noch nicht mit uns fertig ist. Manchmal erstaunt es uns, wie er so einfache und durchschnittliche Menschen wir uns benutzt, um große Dinge zu bewegen.

Jim Elliot hat es auf den Punkt gebracht: *Missionare sind ganz gewöhnliche Menschen, die versuchen, den Außergewöhnlichen zu verherrlichen.*[6]

EPILOG

David und Ulrike

Die Antwort auf eine Frage steht noch aus: Was ist eigentlich aus dem laufenden Prozess in der Türkei geworden?

Tatsächlich sprach das Verfassungsgericht schließlich noch ein Urteil. Am 20. April 2020 kam die Nachricht. Die Richter wiesen unsere Klage ab. Meine Ausweisung war endgültig rechtswirksam. Wie kam es dazu? Ganz einfach: Wir hatten die Türkei bereits verlassen, das entging auch den Richtern nicht. Die Frage, die noch offen war, lautete: Darf der Staat einen von uns ausweisen? Und die war nun hinfällig, da wir bereits ausgewandert waren. Also machte das Gericht dem Ganzen ein Ende. Wir scheiterten also einmal mehr – zusammen mit einigen anderen Klägern, deren Anliegen ähnlich gelautet hatten. In den Augen des Obersten Gerichtshofs hatten wir die Türkei »freiwillig« verlassen. Das stimmte zwar mit Blick auf unsere Ausreise. Die Richter zogen dabei aber nicht in Betracht, dass ich nur gegangen war, weil die Behörden mir weisgemacht hatten, ich dürfe wiederkommen. Ich frage mich heute manchmal, was wohl geschehen wäre, wenn wir einfach alle in der Türkei geblieben wären.

Doch damit ist unsere Geschichte noch nicht vorbei. Kurze Zeit nachdem das türkische Gericht gegen uns entschieden hatte, trat die Menschenrechtsorganisation ADF International an uns heran. Die Nichtregierungsorganisation vermittelt weltweit Anwälte und Experten, um Menschen wie uns, deren Religions-, Meinungs- oder Redefreiheit missachtet wurde, zu helfen. Und so kam es, dass unser

Fall tatsächlich vor dem Europäischen Gerichtshof für Menschenrechte landete.

Unsere Anwälte machten einen tollen Job. Sie pochten unter anderem auf mein Recht auf Religionsfreiheit und freie Meinungsäußerung, wie in Artikel 9 der Europäischen Menschenrechtskonvention garantiert. Und sie wiesen nach, dass es keinerlei Belege dafür gab, dass ich durch meine evangelistische Tätigkeit eine Bedrohung für den öffentlichen Frieden dargestellt hätte, wie das die türkischen Behörden fälschlicherweise behaupteten. So ein Prozess kostet normalerweise sehr viel Geld, aber ADF vertrat uns, ohne etwas dafür zu verlangen.

Wir hofften darauf, dass die Türkei auf diese Weise gezwungen sein würde, unsere Ausweisung zu revidieren. Doch wir hofften umsonst. Im Mai 2022 erfuhren wir, dass auch der Menschenrechtsgerichtshof unsere Klage abgewiesen habe – aus Formgründen. Die Richter erklärten unsere Klage für »unzulässig«, wie es in dem offiziellen Schreiben hieß.

Offenbar war unser Fall bereits in der Türkei nicht ordentlich durch die Instanzen hindurch verhandelt worden und müsste, wenn überhaupt, dort neu aufgerollt werden, bevor er wieder vor dem Gerichtshof für Menschenrechte eröffnet werden könnte. Für uns bedeutet das: Gehen wir den Rechtsstreit erneut an, dann beginnen wir nicht beim obersten Gericht, sondern ganz klein, beim Verwaltungsgericht in der Türkei. Und dann streiten wir uns nach und nach durch die Instanzen, bis unsere Klage am Ende vielleicht wieder vor den höchsten Richtern landet.

Das klingt nach einem irren Aufwand. Aber wir werden ihn auf uns nehmen und sind schon gespannt, was in den kommenden Monaten und Jahren geschieht. Wir werden auch diesen Kampf kämpfen. Nicht, weil wir wirklich daran glauben, dass wir eines Tages wieder in der Türkei leben werden. Aber weil es unser Recht als Christen ist, über Jesus zu sprechen. Niemand sollte dafür ins Gefängnis kommen oder seiner Heimat beraubt werden. Wir tun es also auch für die vielen Christen in der Türkei, für unsere Geschwister in den Gemeinden und für die Kollegen auf den Straßen, die das Evangelium verbreiten wollen und sollen.

Sind wir heute glücklich? Ja. Wir sind da, wo Gott uns haben will.

Träumen wir noch von der Türkei? Ja. Wir haben Sehnsucht nach dem Geruch von Salz und Sonne in der Luft. Sehnsucht nach neugierigen Blicken auf der Straße, wenn der Name Jesus fällt. Sehnsucht nach Kaffee mit den Nachbarn.

David ist die Einreise nach wie vor verwehrt, Ulrike und die Kinder dagegen dürfen die Türkei besuchen und tun das auch von Zeit zu Zeit.

Wer uns heute fragt, wie sich unser Leben in der Türkei rückblickend anfühlt, dem antworten wir mit einem Zitat aus dem Film *Der Herr der Ringe*. Ganz am Ende, als der letzte Kampf ausgefochten ist, sitzt der Held der Geschichte an seinem Schreibpult und blickt auf sein Leben zurück.

Er fragt sich: »Wie knüpft man an, an ein früheres Leben? Wie macht man weiter, wenn man tief im Herzen zu verstehen beginnt, dass man nicht mehr zurückkann? Manche Dinge kann auch die Zeit nicht heilen. Manchen Schmerz, der zu tief sitzt und einen fest umklammert.« Dann greift er sich an die Schulter, dorthin, wo noch immer eine Wunde aus den vier Jahre zurückliegenden Tagen der Kämpfe schmerzt. Und er sagt: »Es ist nie richtig verheilt.«[7]

So fühlen wir uns heute. Wir haben unser altes Leben am Bosporus zurückgelassen. Zwar sind die Wunden von damals, als wir zum Gehen gezwungen wurden, verheilt. Aber die Narben schmerzen noch. Und das werden sie wohl immer tun. Ein Teil von uns ist dortgeblieben. Bei den türkischen Frauen und ihren Ritualen.

Bei den Männern in der Abschiebehaft. Bei den Kindern auf den Geburtstagspartys, die wir veranstaltet haben. Bei unserer Gemeinde in Istanbul.

Es war ein weiter Weg und nun geht er weiter. Hier in Berlin. Und wo immer Gott uns haben will.

DANKSAGUNGEN

So mancher hat uns in den vergangenen Jahren vorgeschlagen, dass wir all die Dinge, die wir erlebt haben, aufschreiben sollten. Wir hatten nicht vor, das zu tun, zumindest nicht in absehbarer Zeit. Bis sich im Jahr 2020 Tobias Kübler aus der Öffentlichkeitsarbeit von OM Deutschland bei uns meldete und uns mitteilte, dass ein Verlag an unserer Geschichte interessiert sei. Danke, Tobias, dass du dieses Projekt ins Rollen gebracht hast.

Kurz darauf wurden wir der Autorin Anna Lutz vorgestellt, die in der Nähe von Berlin lebt. Danke, Anna, für deine Geduld mit uns, für deine guten Fragen und die Art und Weise, wie du das, was wir erlebt haben, in gedruckter Form hast lebendig werden lassen. Danke an den SCM Verlag für die Bereitschaft, daraus ein Buch zu machen. Danke auch an Christina Bachmann für das Lektorieren des Manuskripts und ihre vielen hilfreichen Vorschläge und Verbesserungen.

Ulrike

Wie schreibt man eine Danksagung? Ich weiß es nicht, vor allem, weil ich so unglaublich dankbar für so viele Menschen bin, auch wenn ich mit so wenigen in Verbindung bleiben konnte. All diese Menschen haben mein Leben zu dem gemacht, was es ist.

Da sind zunächst meine Eltern und Geschwister, die mich am besten kennen und trotzdem zu mir stehen. Meine Patentante, die ihr Leben lang an meiner Seite stand, ohne viel Aufhebens zu machen – ohne ihren unaufhörlichen Einsatz, in meiner Kindheit und dann später zweimal vier Wochen in der Türkei, wäre manches schwieriger gewesen.

Willi und Mary, die ihr Haus für uns damals unbeholfene Mädchenkreisler öffneten, um uns Jesus näherzubringen.

Angelika, Karin und Lotte, die mir auf dem Weg zu Jesus halfen. Der Igelkurs – Freunde, die mir trotz meiner eigenen Schreibfaulheit schreiben.

Die Geschwister der Kommunität Adelshofen, die mir geholfen haben, dass mein Leben auf den festen Grund des Glaubens gestellt wurde. Ein besonderer Dank gilt Schwester Angelika, die im Rahmen einer Besuchsreise von Ehemaligen des theologischen Seminars just in dem Moment kam, als ich ihre Hilfe am dringendsten brauchte.

Meine Gemeinden in Züttlingen und Öschelbronn, die mich über Jahre treu unterstützen.

Susanne und Gisela, die sich im Gebet hinter mich stellten und bis heute eine Stütze und Ermutigung für mich sind.

Meine WEC-Freunde, die ich namentlich gar nicht alle aufzählen kann. Sie haben mir geholfen, meine ersten Schritte zu tun, um kein *chocolate soldier* zu sein.

Meine turkmenischen Freunde, die mir zeigten, was es heißt, mutig und kompromisslos Jesus nachzufolgen. Und die Expats in diesem Wüstenland, die Freunde wurden, selbst wenn sie weit entfernt voneinander lebten. Besonders möchte ich Susanne danken, die mich in diesen ersten Jahren in meinen Launen und Schwierigkeiten geduldig ertrug und ermutigte.

Dann gäbe es aus zwanzig Jahren Türkei eine Litanei von Namen – so viele Gesichter, türkische Freunde, Nachbarn, die Lehrer meiner Kinder, die Geschwister der Altintepe-Gemeinde, Menschen, die uns auf dem Weg begleitet haben. Sie alle haben uns geformt und geprägt.

Die vielen jungen Mädchen, die uns in den ersten Jahren mit den Kindern halfen: Jodie, Nathanja, Payton, Erica, Dany und viele andere. Danke für euren Einsatz und die Willigkeit, einer jungen Familie unter die Arme zu greifen!

Viele liebe Freunde, darunter Susanne und Gernot und ihre Familie. Danke, Susanne, für die vielen gemeinsamen Geburtstagsfeiern, gemeinsame Gebete und dein offenes Ohr. Birgit war Teil unserer deutschen Hausgruppe in Istanbul. Danke, Birgit, für deinen Einsatz mit unseren Kindern!

Der größte Dank gilt David und unseren Kindern. Ein Leben an Davids Seite ist vieles, aber auf keinen Fall langweilig. Und ein großer Dank an unsere Kinder, ihr seid ein Riesengeschenk Gottes!

David

Vor allem danke ich meiner Mutter für all die Liebe, die Freude und die Gebete, die du in mich gesteckt hast. Und meinem verstorbenen Vater, dessen Tränen und liebevolle Unterstützung mich noch heute motivieren.

Danke, Onkel Lewellyn, dass du mir mit Römer 1–8 das mächtige Evangelium gezeigt hast, das seither die Richtung meines Lebens bestimmt.

Ich danke Gott für Ulrike, für ihre Liebe und Treue, ihre Leidenschaft für Jesus, ihre schwäbische Kultur, die mir so ans Herz gewachsen ist, und die wunderbaren gemeinsamen Erinnerungen.

Danke an unsere Kinder Daniel, Amy, Esther, Rebecca und Johannes, dass ihr gelernt habt, ein Land und ein Volk zu lieben, das ihr euch nicht ausgesucht habt, und für all die Freude, die ihr in unser Leben bringt.

Ich möchte mich bei denen bedanken, die über die Jahre so viel Liebe und Interesse in mich investiert und mich ausgebildet haben: Onkel Lewellyn, Larry Fellmet, Dan Harris, Ed Roddy (und all die frühmorgendlichen Frühstücke über die Jahrzehnte), Keane Shockley, Jeff Canaan, Jamie & Joey Collins, Stu Soderquist, John McSwain, Bob Van Zante, Robert Yarbrough, Mike Shea, Dave Grissen, Julyan, Andrew, Kurt Jost, Tim Wright & Jayson Knox.

Wir danken den Gemeinden und ihren Pastoren und Ältesten, die uns all die Jahre so treu zur Seite gestanden haben: den Pastoren Jeff, David, Mike und Michael in der IBC, den Pastoren Gary, John und Kelly in der GEBC, Pastorin Delaine von Grace Baptist, den Gemeinden in Chicago, Austin, Harvey, Meadowbrook und Horb und ihren Ältesten, Faith Covenant, den lutherischen Gemeinden in Öschelbronn und Züttlingen, den Pastoren Carlos und Timur in Altintepe und Pastor Bilge vom Istanbul Project. Unser Dank gilt auch den Großmüttern, den Geschäftsleuten und all den anderen, deren Gebete und Großzügigkeit nicht unbemerkt geblieben sind und auch in der Ewigkeit nicht unbemerkt bleiben werden.

Wir können sie nicht alle aufzählen, aber wir danken unseren Freunden und Freundinnen und Mitarbeitenden von Operation Mobilisation, die uns in den letzten Jahrzehnten viel Freude bereitet haben und die uns bei so vielen Ereignissen in diesem Buch zur Seite standen: George & Drena, Vera, Dan & Sue, Gernot & Susanne, Nick & Tamsyn, Johanna, Michael & Friedericke, Frans & Mara, Tim, Dave & Pam, Paul & Sunhee, Bryan & Sharon, Edwin & Mary, Colin & Ayki, Andrew & Debbie, Julyan & Lenna, Russ & Aukje, Colin & Lizyanet, Adrian & Danielle, Byong-chul & Choon-seok, Ben & Christy, Jared & Verena, Chip, Howard & Nora, Priscille, Ron & Maria, Claire, Lou Ann, Timon & Sylvia, Damaris, Klaus und all die anderen Mitglieder unserer Teams in Aschgabat, Bursa und Istanbul sowie in Zentralasien und der Türkei.

Die Gemeinschaft und die Freundschaften mit den Kollegen und Kolleginnen in Zentralasien und der Türkei waren sehr schön. Der kulturübergreifende Dienst am Evangelium ist nicht immer einfach, aber ihr habt uns viel Freude bereitet: Anker & Tine, Ekrem & Banu, Volkan, Paul & Michelle, Carol und die vielen anderen Nav-Kollegen, Jay & Melissa, Stuart & Susanne, Dan, John & Janet, Robin & Lorna, Dave & Georgina, Henriette, Kim, Nartatch, Joe, François und Robert.

Das gegenseitige Schärfen, das Gehen im Licht und die harte Liebe meiner Mitstreiter in der Männergruppe über die Jahrzehnte hinweg waren sicherlich ein Grund dafür, dass ich durch Gottes Gnade im Kampf gegen die innewohnende Sünde nicht verzweifelt bin und aufgegeben habe: Mike, Paul, Alan, Steve, Jason, Mark, John, Vahan, Scott, Chad, Todd und Franz.

Ein besonderer Dank geht an meinen Freund und Evangelistenkollegen Steve und seine Frau Annika. Ohne eure Partnerschaft hätte ich zweifellos weit weniger Privilegien gehabt, in Abschiebezentren zu dienen. Mein Dank gilt auch den vielen türkischen Gläubigen, ausländischen Arbeitern und Teilnehmern an Kurzzeiteinsätzen, die bereit waren und sich nicht geschämt haben, das Evangelium öffentlich mit uns zu verkünden, insbesondere denen, die mit uns gelitten haben: Abdullah, Artun, Muharrem, Charles und Volkan.

Ein großes Dankeschön an meine Assistenten im BCC: Banu, Fulya, Lusia, Damla und Nazan.

Ein besonderer Dank gilt unserer mutigen Anwältin Isil Cetin, aber auch den vielen Polizisten in der Türkei und anderswo, die ihre Arbeit ehrenhaft verrichteten und mich freundlich behandelten, sowie den mutigen Richtern, die sich an das geschriebene Recht hielten und mich freisprachen. Danke an Ken und Rhonda, Abdullah, Mustafa, Schwester Angelika und all die anderen, die uns geholfen haben und keine Angst hatten, mit uns zusammen zu sein, als ich in Abschiebehaft war.

Danke an meine Kolleginnen und Kollegen in Berlin, die uns so herzlich aufgenommen und uns geholfen haben, hier anzufangen: Yilmaz & Auli, Todd & Tara, David & Greetje, Helmut, Andrea & Martin, Bastian, Friedhelm & Jani, Bernd, Jan, Holger und Willi.

Ich möchte auch denjenigen danken, deren Leben und Worte mich dazu inspiriert haben, ihrem Beispiel in der Nachfolge unseres Herrn Jesus zu folgen: Jim Elliot, David Brainerd, John Paton, Karl Gottlieb Pfander, Dietrich Bonhoeffer, John Piper, Jay Smith und vor allem dem Apostel Paulus.

ANMERKUNGEN

1 Mary Thompson, »O Zion, Haste«, 1868, Original siehe: https://library. timelesstruths.org/music/O_Zion_Haste/(zuletzt abgerufen am 19. September 2022). Frei übersetzt aus dem Englischen.

2 Zitat siehe: https://en.wikipedia.org/wiki/Early_life_and_career_of_ Recep_Tayyip_Erdo%C4%9Fan (zuletzt abgerufen am 19. September 2022).

3 Anna Wirth: »Der Prozess«, in: Pro-Medienmagazin 2/2011, S. 40. Siehe: https://www.pro-medienmagazin.de/wp-content/uploads/2021/05/pdf_ pro_2011_02.pdf (zuletzt abgerufen am 19. September 2022).

4 »Witwe des getöteten Deutschen vergibt Mördern« in: »Der Standard«, 23. April 2007, siehe: https://www.derstandard.at/story/2850327/witwe-des-getoeteten-deutschen-vergibt-moerdern (zuletzt abgerufen am 19. September 2022).

5 J. Carswell, J. Wright: »Susanne Geske: ›Ich will keine Rache.‹ Das Drama von Malatya«, Brunnen Verlag, Gießen 2008, S. 98.

6 Siehe: https://www.englischezitate.de/zitat/jim-elliot/90482/ (zuletzt abgerufen am 19. September 2022).

7 Frodo Beutlin in »Der Herr der Ringe: Die Rückkehr des Königs« (2003).

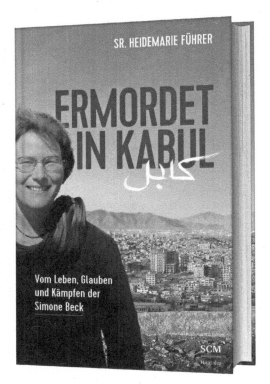

Heidemarie Führer

Ermordet in Kabul
Vom Leben, Glauben und Kämpfen
der Simone Beck

2003 zieht Simone Beck als Entwicklungshelferin nach
Afghanistan, dem Land, das ihr besonders am Herzen
liegt. Trotz vieler Schwierigkeiten gibt sie alles, um das
Evangelium zu verbreiten. Die bewegende Geschichte
einer Frau, die zur Märtyrerin 2017 gewählt wurde.

Gebunden, 13,5 × 21,5 cm, 240 S.,
mit 16-seitigem Bildteil und Leseband
Nr. 395.888, ISBN 978-3-7751-5888-6
Auch als E-Book

SCM
Hänssler

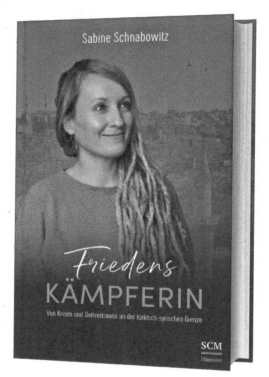

Sabine Schnabowitz

Friedenskämpferin
Von Krisen und Gottvertrauen an der
türkisch-syrischen Grenze

Wenn Gott uns ruft, zählt nur noch das. Sabine gibt in
Deutschland alles auf und gründet eine Schule für syrische Flüchtlingskinder in der Türkei. Der unglaubliche Be-
richt einer ganz normalen Deutschen, der zeigt, was Gott
tun kann, wenn wir uns trotz Gefahren auf ihn einlassen.

Gebunden, 13,5 × 21,5 cm, 304 S.,
mit 8-seitigem Bildteil
Nr. 396.104, ISBN 978-3-7751-6104-6
Auch als E-Book

SCM
Hänssler